プロ野球を統計学と客観分析で考える

デルタ・ベースボール・リポート 6

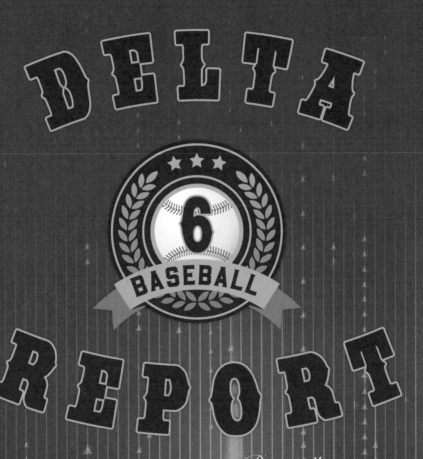

The Japanese Professional Baseball
analysis with a statistical point of view

岡田友輔／道作／蛭川皓平／佐藤文彦／市川博久／神原謙悟／

馬見塚尚孝・豊田太郎／中原啓／並木晃史／宮下博志／二階堂智志

プロ野球を統計学と客観分析で考える

デルタ・ベースボール・リポート 6

目次

TOPICS

WBCを制した
どの国よりも
モダンで
"日本らしく"ない野球。

7試合の結果ではあるが……

　5度目の開催となったワールド・ベースボール・クラシック(WBC)は、日本代表が全7試合に勝利し制した。投打でアメリカに衝撃を与え続ける大谷翔平(エンゼルス)や昨季の三冠王・村上宗隆(ヤクルト)ら多くの注目選手が代表に選出され開幕前から注目を集めていたが、日本代表はそれに応えてみせた恰好だ。

　野球の客観的な分析を愛好する者という視点でWBCを振り返り、見つめ直したとき、わずか7試合の結果から何かを語るのは難しい。日本野球が(我々のような領域の人間が志向する方向に)変容しつつあるというストーリーを描くための材料は多く見つかるが、それらをつなぎ合わせて語ろうとするときには常に注意が必要だ。世界の多くの人々が熱狂する大きな大会ではあったが、あくまでたった7試合の、多くの偶発的な事象が影響を与え残された結果だと考えなければならない。

　自重を心がけ、はしゃぎすぎないようにした上で今大会の結果をみていくと、実にモダンで合理的な野球を日本代表はやっていたという印象を抱かざるを得ない。セイバーメトリクスの視点からの攻撃における定石は、出塁を

打者

K&K%
最多だった三振

日本	58	19.4%
メキシコ	48	19.8%
米国	48	17.2%
豪州	39	20.4%
プエルトリコ	38	20.5%
ベネズエラ	37	19.3%
イタリア	34	17.4%
キューバ	31	13.1%

BB&BB%
最も高かった四球割合

日本	64	21.4%
豪州	24	12.6%
米国	32	11.5%
ベネズエラ	21	10.9%
メキシコ	24	9.9%
キューバ	22	9.3%
イタリア	17	8.7%
プエルトリコ	16	8.6%

HR&ISO
世界と肩を並べる長打力

米国	.249	12
日本	.203	9
ベネズエラ	.202	7
豪州	.191	7
プエルトリコ	.153	4
メキシコ	.132	6
キューバ	.102	2
イタリア	.093	1

準々決勝進出（5試合以上を戦った）チームを比較

重視しながら、塁を埋めた走者を高い効率で返すことのできる長打も併せて求めていくというものとなる。そのためには、長打を生み出そうとする姿勢で打席に立ち、投手を警戒させて四球を引き出すのが合理的であるとされる。三振がある程度増えることには目をつぶってもよく、「三振は長打を得るための投資」という考え方もなされる。

　今大会の日本代表は、まさにそのような攻撃をみせていた。出場チーム最多のみならず、WBC史上最多でもある64個の四球を選んだ。三振も出場チーム最多の58個。長打率から打率を引き純粋な長打力を測るISO（Isolated Power）の値でもアメリカやベネズエラのような国と渡り合った。ゴロアウトとフライアウトの比率から放っていた打球の傾向を探るGO/AOの数字でも、他国と大きな違いはなかった。

　しつこく粘ってヒット重ね、つなぐ野球で立ち向かう。少し前の日本野球のイメージとは異なるパワーに正しく依存した攻撃で得点力を高めていた様子が見て取れる。決勝戦まで残っていたため四球や三振、ホームランが多くなるのは当然だが、今回の大会で最も多くの三振をしていたチームが日本代表

Exit Velocity

準々決勝以降の最速打球10傑
半数を占めた大谷と村上の打球

1	大谷 翔平	日本	185.7 km/h
2	村上 宗隆	日本	185.2 km/h
3	大谷 翔平	日本	183.5 km/h
4	Pete Alonso	米国	183.1 km/h
5	Kyle Schwarber	米国	182.7 km/h
6	村上 宗隆	日本	180.9 km/h
7	Paul Goldschmidt	米国	180.2 km/h
8	Luis Robert Jr.	キューバ	180.1 km/h
9	Ronald Acuna Jr.	キューバ	178.6 km/h
10	村上 宗隆	日本	178.6 km/h

米国	41	0.51
豪州	34	0.71
ベネズエラ	39	0.83
プエルトリコ	38	0.86
日本	49	0.88
イタリア	46	0.96
メキシコ	57	1.19
キューバ	75	1.83

GO&GO/AO

ゴロアウトは中位も
過去大会から減少

豪州	3	(5)
キューバ	3	(6)
日本	3	(7)
イタリア	2	(5)
ベネズエラ	0	(5)
プエルトリコ	0	(5)
メキシコ	0	(6)
米国	0	(7)

SAC (試合数)

犠打も
過去大会から減少

だったというのは感慨深くもある。日本代表は過度に確実性を求めるような打撃を避け長打を生み出す姿勢で打席に臨んでいた。三振の多さはその証だ。

「力」で渡り合えることを投打で証明

　準決勝のメキシコ戦では最終回に村上が逆転二塁打を放ち試合を決めたが、1点ビハインドの無死一二塁という場面で栗山英樹監督が犠打を企図しなかったこともセイバーメトリクス愛好家を多いに喜ばせたと予想する。相手にアウトを差し出す損失と見返りとして得られる進塁の価値がアンバランスであることから、犠打の価値は一般で言われるほど大きくはないという言説は浸透しつつあるが、国の威信がかかる国際大会ではバントが用いられるのもやむなしという空気はある。村上の一打の瞬間、そうした不合理に違和感を感じてきた人々は大いに溜飲を下げたはずだ。

　今回の大会は、中継映像やMLBが提供するデータサイトでトラッキングデータが即時性を持って紹介され、MLBが開発に注力してきたスポーツテックが観戦者にもたらす楽しみを体感した人は多かったと思われる。提供され

K&K%
突出していた奪三振割合

日本	80	32.9%
メキシコ	58	26.0%
ベネズエラ	56	29.0%
米国	55	21.6%
キューバ	53	22.3%
プエルトリコ	47	27.2%
豪州	38	20.4%
イタリア	37	18.8%

山本 由伸	12	44.4%
佐々木 朗希	11	33.3%
大谷 翔平	11	29.7%
戸郷 翔征	9	45.0%
宮城 大弥	7	43.8%
今永 昇太	7	28.0%

K&K%
奪三振と奪三振割合
（日本代表）

Pitch Type
準々決勝以降の投球割合比較
直球とフォークボールで攻めた日本

日本				米国
(39.2%)	164	4Seam	127	(28.2%)
(20.3%)	85	Splitter	7	(1.6%)
(11.2%)	47	Sinker	101	(22.6%)
(3.1%)	13	Curve	64	(14.3%)
(2.4%)	10	Changeup	46	(10.3%)

投手

たデータでは日本代表の放っていた打球の物理的な強度が明確に示されていた。村上が放った逆転打は準々決勝以降の試合で生まれたあらゆる打球の中で2番目の速度だった。そんな打者に代打を送り犠打をさせようとする行為のナンセンスを、テクノロジーは新たな角度から、厳然と教えてくれた。

投手陣にも力強さがあった。奪った三振は参加国最多の80個。打席に占める割合でも32.9%と群を抜いており、山本由伸（オリックス）や佐々木朗希（ロッテ）ら若き才能が多くの三振を奪っていた。攻撃では"世界標準"に近いスタイルで戦い相手を上回った日本代表だったが、投手の三振を奪う術では日本の独自性がうかがえた面もあった。海外の選手が余り投げないフォークボール（スプリッター）を多用していたことである。ただ、フォークボールを効果的に使う一方でストレートも多く投じており、パワーに劣る日本人は技で勝負すべきというイメージは幻と化している。

これをもって日本の野球が変化した結果だというのは早計だ。だが、「目の前で起きたこと」がイメージを破壊する威力が実感できた大会だった。これから各方面で野球を縛ってきたものが解かれていくことに期待する。

2006 WBC STATS 2006.3.3-3.20

小技で勝ったのか。長打力で勝ったのか。

投 1 清水 直行 ロ
2 藤田 宗一 ロ
3 黒田 博樹 広 [欠]
4 久保田 智之 神 [追]
5 松坂 大輔 西
6 上原 浩治 巨
7 薮田 安彦 ロ
8 和田 毅 ソ
9 藤川 球児 神
10 渡辺 俊介 ロ
11 大塚 晶則 米
12 小林 宏之 ロ
13 杉内 俊哉 ソ
14 石井 弘寿 ヤ [欠]
15 馬原 孝浩 ソ [追]
捕 1 里崎 智也 ロ
2 谷繁 元信 中
3 相川 亮二 横
内 1 岩村 明憲 ヤ
2 小笠原 道大 日
3 松中 信彦 ソ
4 西岡 剛 ロ
5 今江 敏晃 ロ
6 宮本 慎也 ヤ
7 新井 貴浩 広
8 川崎 宗則 ソ
外 1 和田 一浩 西
2 多村 仁 横
3 金城 龍彦 横
4 福留 孝介 中
5 青木 宣親 ヤ
6 イチロー 米
監督　王 貞治
コーチ　弘田 澄男
　　　　大島 康徳
　　　　鹿取 義隆
　　　　辻 発彦
　　　　武田 一浩

8試合　5勝3敗　率.311　防2.49

		1	2	3	4	5	6	7	8	9		R
1R	日	0	1	1	0	4	3	2	7			18
	中	0	0	0	2	0	0	0	0			2
1R	日	3	1	1	0	6	1	2				14
	台	0	1	0	0	0	2	0				3
1R	韓	0	0	0	0	1	0	0	2	0		3
	日	1	1	0	0	0	0	0	0	0		2
2R	日	1	2	0	0	0	0	0	0	0		3
	米	0	1	0	0	0	2	0	0	1X		4
2R	日	0	0	0	4	1	0	0	0	1		6
	メ	0	0	0	0	0	0	0	1	0		1
2R	韓	0	0	0	0	0	0	0	2	0		2
	日	0	0	0	0	0	0	0	0	1		1
準決	日	0	0	0	0	0	0	0	5	1		6
	韓	0	0	0	0	0	0	0	0	0		0
決勝	日	4	0	0	0	2	0	0	0	4		10
	キ	1	0	0	0	0	2	0	2	1		6

5 試合もしくは 6 試合以上を戦ったチームを比較

試合数	
日本	8
キューバ	8
韓国	7
ドミニカ	7
ベネズエラ	6
米国	6
プエルトリコ	6
メキシコ	6

平均得点	
日本	7.5
キューバ	5.5
米国	5.5
プエルトリコ	5.3
ドミニカ	5.1
メキシコ	3.8
韓国	3.7
ベネズエラ	3.7

平均失点	
韓国	2.0
日本	2.6
メキシコ	2.7
プエルトリコ	2.8
ベネズエラ	3.3
米国	3.3
ドミニカ	3.7
キューバ	5.4

四球 / BB%		
ベネズエラ	35	15.4%
ドミニカ	33	12.1%
プエルトリコ	24	10.3%
日本	32	9.9%
米国	19	8.6%
キューバ	24	7.5%
メキシコ	15	7.1%
韓国	16	6.4%

三振 / K%		
韓国	51	20.5%
ベネズエラ	40	17.5%
メキシコ	36	17.0%
キューバ	51	15.9%
プエルトリコ	34	14.6%
ドミニカ	33	12.1%
日本	39	12.1%
米国	26	11.7%

本塁打 / ISO		
米国	9	.193
日本	10	.167
プエルトリコ	8	.162
韓国	6	.151
ドミニカ	9	.150
メキシコ	5	.148
ベネズエラ	7	.144
キューバ	8	.136

OPS	
日本	0.868
米国	0.841
プエルトリコ	0.813
ドミニカ	0.776
キューバ	0.776
韓国	0.699
メキシコ	0.673
ベネズエラ	0.653

GO/AO	
プエルトリコ	0.69
ベネズエラ	0.92
ドミニカ	1.15
韓国	1.21
メキシコ	1.24
キューバ	1.29
日本	1.37
米国	1.39

犠打	
日本	9
韓国	6
キューバ	5
プエルトリコ	3
ベネズエラ	2
メキシコ	2
米国	2
ドミニカ	0

盗塁 / 盗塁企図		
日本	13	15
プエルトリコ	7	10
ドミニカ	6	10
キューバ	3	7
ベネズエラ	2	3
韓国	2	2
メキシコ	2	2
米国	1	2

与四球 / BB% ［投手］		
日本	11	4.0%
韓国	18	7.1%
メキシコ	17	8.1%
米国	17	8.5%
ドミニカ	23	8.7%
ベネズエラ	20	9.1%
プエルトリコ	22	10.3%
キューバ	41	12.8%

奪三振 / K% ［投手］		
ベネズエラ	55	25.1%
米国	48	24.1%
日本	62	22.5%
ドミニカ	53	20.0%
韓国	50	19.8%
メキシコ	37	17.7%
キューバ	51	15.9%
プエルトリコ	28	13.1%

　今大会に至るまでの足跡を、スタッツから振り返っていく。初開催で世界一の座に輝いた 2006 年の第 1 回大会。「野球がベースボールに勝った」という声が聞こえてきたが、確かに犠打や盗塁は多く小技を活かそうとする意識がうかがえる。ゴロアウトが多く三振が多くなかったあたりは、2023 年のスタッツとはかなり様子が異なる。一方で参加国最多の 10 本塁打を記録し長打力も発揮していた。小技や機動力で勝ったのか？　長打力で勝ったのか？　見る人によってかなりう印象が違ってくる大会だったといえそうだ。

2009 WBC STATS　2009.3.5-3.23

守りで築いた優位を活かし連覇。攻撃では長打力を欠く

投　1　ダルビッシュ有　日
　　2　馬原 孝浩　ソ
　　3　田中 将大　楽
　　4　涌井 秀章　西
　　5　松坂 大輔　米
　　6　岩田 稔　神
　　7　岩隈 久志　楽
　　8　藤川 球児　神
　　9　内海 哲也　巨
　　10　小松 聖　オ
　　11　渡辺 俊介　ロ
　　12　山口 鉄也　巨
　　13　杉内 俊哉　ソ
捕　1　城島 健司　米
　　2　阿部 慎之助　巨
　　3　石原 慶幸　広
内　1　中島 裕之　西
　　2　片岡 易之　西
　　3　岩村 明憲　米
　　4　小笠原 道大　巨
　　5　村田 修一　横 [欠]
　　6　川崎 宗則　ソ
　　7　栗原 健太　広 [追]
外　1　福留 孝介　米
　　2　青木 宣親　ヤ
　　3　内川 聖一　横
　　4　亀井 義行　巨
　　5　稲葉 篤紀　日
　　6　イチロー　米
監督　　原 辰徳
コーチ　伊東 勤
　　　　山田 久志
　　　　与田 剛
　　　　高代 延博
　　　　篠塚 和典
　　　　緒方 耕一

9試合　7勝2敗　率.299　防1.71

1R	中	0	0	0	0	0	0	0	0	0	0
	日	0	0	3	0	0	1	0	0	X	4

1R	日	3	5	0	1	2	2	1	14
	韓	2	0	0	0	0	0	0	2

1R	韓	0	0	0	1	0	0	0	0	0	1
	日	0	0	0	0	0	0	0	0	0	0

2R	日	0	0	3	1	1	0	0	0	1	6
	キ	0	0	0	0	0	0	0	0	0	0

2R	日	0	0	0	0	1	0	0	0	1	1
	韓	3	0	0	0	0	0	0	1	X	4

2R	日	0	0	0	2	1	0	1	0	1	5
	キ	0	0	0	0	0	0	0	0	0	0

2R	日	0	2	0	0	0	0	0	3	1	6
	韓	1	0	0	0	0	0	1	0	0	2

準決	米	1	0	1	0	0	0	0	2	0	4
	日	0	1	0	5	0	0	0	3	X	9

決勝	日	0	0	1	0	0	0	0	1	1	0	2	5
	韓	0	0	0	0	1	0	0	1	1	0	3

試合数	
日本	9
韓国	9
ベネズエラ	8
米国	8
プエルトリコ	6
オランダ	6
メキシコ	6
キューバ	6

平均得点	
メキシコ	7.8
米国	6.3
キューバ	6.0
韓国	5.9
ベネズエラ	5.6
日本	5.6
プエルトリコ	5.2
オランダ	1.7

平均失点	
プエルトリコ	1.7
日本	1.8
韓国	3.3
オランダ	3.8
キューバ	4.0
ベネズエラ	4.5
米国	6.8
メキシコ	8.7

四球 / BB%		
プエルトリコ	39	16.7%
韓国	50	15.1%
米国	43	13.1%
メキシコ	28	11.8%
日本	35	9.7%
キューバ	17	7.7%
ベネズエラ	21	6.9%
オランダ	9	4.3%

三振 / K%		
オランダ	61	28.9%
メキシコ	42	17.7%
キューバ	39	17.6%
韓国	57	17.2%
プエルトリコ	40	17.2%
米国	50	15.3%
日本	53	14.7%
ベネズエラ	42	13.7%

本塁打 / ISO		
メキシコ	14	.271
キューバ	11	.244
ベネズエラ	13	.239
米国	12	.215
プエルトリコ	7	.195
韓国	11	.161
日本	4	.094
オランダ	1	.040

OPS	
メキシコ	0.979
キューバ	0.933
米国	0.904
ベネズエラ	0.900
プエルトリコ	0.890
韓国	0.775
日本	0.764
オランダ	0.458

GO/AO	
プエルトリコ	0.92
メキシコ	1.04
米国	1.16
ベネズエラ	1.25
日本	1.32
韓国	1.43
オランダ	1.62
キューバ	1.63

犠打	
日本	7
韓国	3
オランダ	2
プエルトリコ	1
メキシコ	1
米国	1
ベネズエラ	1
キューバ	1

盗塁 / 盗塁企図		
日本	11	15
韓国	9	11
米国	7	10
ベネズエラ	7	9
プエルトリコ	6	8
メキシコ	4	5
オランダ	0	3
キューバ	1	3

与四球 / BB% [投手]		
韓国	22	6.7%
メキシコ	17	7.3%
プエルトリコ	16	7.9%
米国	28	8.8%
日本	31	10.2%
キューバ	24	10.7%
ベネズエラ	40	12.2%
オランダ	41	17.0%

奪三振 / K% [投手]		
日本	75	24.6%
キューバ	51	22.8%
プエルトリコ	43	21.2%
韓国	60	18.3%
メキシコ	40	17.2%
ベネズエラ	54	16.5%
米国	47	14.8%
オランダ	32	13.3%

　第2回大会は9戦中5戦が韓国戦という異例の組み合わせを勝ち抜き連覇。対戦相手の偏りがあるため他国との成績の比較は難しいが、この大会の日本代表は投手と守りで築いた優位で勝利を引き寄せていたのは明白だ。攻撃では前回同様に極端に多い犠打と盗塁、一方で本塁打は少なくISOの伸び悩みも見て取れる。第1回大会は技と力の併用で勝利したと考えるべき内容だったが、この大会では長打による得点創出ができず、いわゆるスモールベースボールと表現されるものを志向することになったとみられる。

2013 WBC STATS 2013.3.2-3.17

投手陣が失点を抑止しきれず。得点力も欠き連覇逃す

投	1	涌井 秀章	西	
	2	能見 篤史	神	
	3	澤村 拓一	巨	
	4	今村 猛	広	
	5	田中 将大	楽	
	6	杉内 俊哉	巨	
	7	前田 健太	広	
	8	森福 允彦	ソ	
	9	内海 哲也	巨	
	10	大隣 憲司	ソ	
	11	牧田 和久	西	
	12	山口 鉄也	巨	
	13	攝津 正	ソ	
捕	1	相川 亮二	ヤ	
	2	阿部 慎之助	巨	
	3	炭谷 銀仁朗	西	
内	1	鳥谷 敬	神	
	2	井端 弘和	中	
	3	松田 宣浩	ソ	
	4	坂本 勇人	巨	
	5	松井 稼頭央	楽	
	5	稲葉 篤紀	日	
	7	本多 雄一	ソ	
外	1	糸井 嘉男	オ	
	2	中田 翔	日	
	3	内川 聖一	ソ	
	4	長野 久義	巨	
監督		角中 勝也	ロ	
コーチ		山本 浩二		
		東尾 修		
		梨田 昌孝		
		与田 剛		
		立浪 和義		
		高代 延博		
		緒方 耕一		
		橋上 秀樹		

7試合　5勝2敗　率.279　防3.84

1R	1	2	3	4	5	6	7	8	9		計
日	0	0	1	1	0	0	0	3	0		5
ブ	1	0	0	1	1	0	0	0	0		3

1R	1	2	3	4	5	6	7	8	9		計
中	0	0	0	0	0	0	0	0	2		2
日	0	1	0	0	4	0	0	0	X		5

1R	1	2	3	4	5	6	7	8	9		計
日	0	0	0	0	0	0	0	0	3		3
キ	0	0	1	1	0	1	0	3	X		6

2R	1	2	3	4	5	6	7	8	9	10	計
日	0	0	0	0	0	0	2	1	1		4
台	0	0	1	0	1	0	0	1	0	0	3

2R	1	2	3	4	5	6	7		計
日	1	5	1	3	1	1	4		16
蘭	0	0	0	0	0	4	0		4

2R	1	2	3	4	5	6	7	8	9		計
蘭	1	0	0	0	0	0	2	3	0		6
日	0	8	0	0	0	0	0	2	X		10

準決	1	2	3	4	5	6	7	8	9		計
プ	1	0	0	0	0	0	2	0	0		3
日	0	0	0	0	0	0	0	1	0		1

試合数		平均得点		平均失点	
プエルトリコ	9	キューバ	7.5	ドミニカ	1.8
オランダ	8	日本	6.3	プエルトリコ	2.9
ドミニカ	8	イタリア	5.8	キューバ	3.0
日本	7	米国	4.7	米国	3.2
米国	6	オランダ	4.5	日本	3.9
キューバ	6	ドミニカ	4.5	イタリア	4.8
イタリア	5	台湾	3.4	台湾	5.0
台湾	5	プエルトリコ	2.6	オランダ	5.9

四球 / BB%			三振 / K%			本塁打 / ISO		
日本	31	11.1%	オランダ	59	19.5%	キューバ	11	.234
イタリア	20	10.3%	米国	46	19.2%	日本	8	.154
オランダ	31	10.2%	台湾	33	18.2%	ドミニカ	7	.148
ドミニカ	29	9.6%	ドミニカ	52	17.3%	オランダ	5	.122
米国	22	9.2%	イタリア	33	17.0%	イタリア	3	.118
プエルトリコ	29	9.0%	プエルトリコ	49	15.2%	台湾	2	.096
台湾	16	8.8%	日本	37	13.3%	プエルトリコ	2	.070
キューバ	19	8.3%	キューバ	25	11.0%	米国	1	.070

OPS		GO/AO		犠打	
キューバ	0.991	台湾	0.93	オランダ	7
日本	0.807	ドミニカ	0.97	日本	6
ドミニカ	0.796	米国	0.98	台湾	4
イタリア	0.769	日本	1.03	ドミニカ	4
オランダ	0.723	プエルトリコ	1.06	プエルトリコ	4
台湾	0.69	キューバ	1.27	米国	3
米国	0.688	オランダ	1.54	キューバ	1
プエルトリコ	0.581	イタリア	2.10	イタリア	0

盗塁 / 盗塁企図			与四球 / BB%［投手］			奪三振 / K%［投手］		
日本	7	11	日本	15	5.9%	日本	74	29.1%
プエルトリコ	6	8	米国	14	6.2%	ドミニカ	65	22.6%
オランダ	4	6	プエルトリコ	25	7.6%	プエルトリコ	67	20.2%
米国	5	6	オランダ	25	8.4%	キューバ	43	20.1%
キューバ	5	6	キューバ	19	8.9%	米国	40	17.8%
ドミニカ	2	5	台湾	16	9.0%	イタリア	30	15.5%
イタリア	2	2	イタリア	19	9.8%	台湾	22	12.4%
台湾	0	1	ドミニカ	31	10.8%	オランダ	30	10.0%

　第1回大会からの連覇が途絶えた。投手陣は、四球を最も少なく抑え三振も多く奪えていたが失点を抑止しきれず、前回大会のような強みにはならなかった。準決勝まではたどりついたが、プエルトリコの投手陣を打ち崩すことができず競り負けた。

　スタッツ上はもう少し優勢に戦えてもよさそうな内容だったが、第2ラウンドのオランダとの2試合を除外すると平均得点は3点台と低く、得点力が上がらず接戦が続いた。

2017 WBC STATS 2017.3.7-3.22

投打のバランス取れていたが、突きぬけられず

投	1	松井 裕樹	楽
	2	菅野 智之	巨
	3	秋吉 亮	ヤ
	4	則本 昂大	楽
	5	宮西 尚生	日
	6	大谷 翔平	日 [欠]
	7	藤浪 晋太郎	神
	8	増井 浩俊	日
	9	石川 歩	ロ
	10	武田 翔太	ソ [追]
	11	岡田 俊哉	中
	12	牧田 和久	西
	13	千賀 滉大	ソ
	14	平野 佳寿	オ
捕	1	炭谷 銀仁朗	西 [追]
	2	小林 誠司	巨
	3	大野 奨太	日
	4	嶋 基宏	楽 [欠]
内	1	田中 広輔	広
	2	松田 宣浩	ソ
	3	菊池 涼介	広
	4	坂本 勇人	巨
	5	中田 翔	日
	6	山田 哲人	ヤ
外	1	内川 聖一	ソ
	2	青木 宣親	米
	3	平田 良介	中
	4	筒香 嘉智	横
	5	鈴木 誠也	広
	6	秋山 翔吾	西
監督		小久保 裕紀	
コーチ		奈良原 浩	
		権藤 博	
		村田 善則	
		稲葉 篤紀	
		仁志 敏久	
		大西 崇之	

7 試合　6 勝 1 敗　率 .298　防 3.05

		1	2	3	4	5	6	7	8	9		計
1R	キ	0	0	1	0	0	0	3	2	0		6
	日	1	0	0	1	5	0	2	2	X		11
1R	日	0	0	0	0	0	1	0	1	2	0	4
	豪	0	1	0	0	0	0	0	0	0	0	1
1R	中	0	0	1	0	0	0	0	0	0		1
	日	1	2	2	0	0	0	2	0	X		7
2R	日	0	1	4	0	1	0	0	0	0	2	8
	蘭	0	1	4	0	0	0	0	1	0	0	6
2R	キ	0	2	0	2	0	1	0	0	0		5
	日	1	0	1	0	2	1	0	3	X		8
2R	イ	0	0	0	0	0	0	0	0	3		3
	日	0	0	0	0	0	5	0	3	X		8
準決	米	0	0	0	1	0	0	0	1	0		2
	日	0	0	0	0	0	0	1	0	0		1

試合数	
米国	8
プエルトリコ	8
ベネズエラ	7
オランダ	7
日本	7
イスラエル	6
ドミニカ	6
キューバ	6

平均得点	
プエルトリコ	6.9
オランダ	6.9
日本	6.7
ドミニカ	5.5
米国	5.1
イスラエル	5.0
ベネズエラ	4.0
キューバ	3.8

平均失点	
米国	2.6
ドミニカ	3.2
プエルトリコ	3.3
オランダ	3.4
日本	3.4
イスラエル	5.2
キューバ	6.7
ベネズエラ	7.9

四球 / BB%		
イスラエル	31	12.9%
日本	34	11.8%
プエルトリコ	31	9.9%
ドミニカ	23	9.5%
オランダ	26	9.1%
米国	26	8.4%
ベネズエラ	21	8.2%
キューバ	13	6.1%

三振 / K%		
米国	62	20.1%
ベネズエラ	51	20.0%
イスラエル	47	19.5%
キューバ	39	18.2%
プエルトリコ	51	16.3%
ドミニカ	37	15.4%
日本	41	14.2%
オランダ	39	13.7%

本塁打 / ISO		
ドミニカ	9	.201
オランダ	10	.197
日本	11	.194
プエルトリコ	11	.192
米国	8	.154
キューバ	4	.149
ベネズエラ	5	.118
イスラエル	3	.112

OPS	
オランダ	0.914
日本	0.876
プエルトリコ	0.872
ドミニカ	0.854
キューバ	0.769
イスラエル	0.749
米国	0.727
ベネズエラ	0.705

GO/AO	
イスラエル	0.81
米国	1.07
ドミニカ	1.09
プエルトリコ	1.12
ベネズエラ	1.12
日本	1.26
オランダ	1.48
キューバ	2.55

犠打	
日本	9
イスラエル	2
ベネズエラ	2
オランダ	2
ドミニカ	1
プエルトリコ	1
キューバ	1
米国	0

盗塁 / 盗塁企図		
日本	11	12
プエルトリコ	10	11
ドミニカ	5	7
キューバ	4	5
オランダ	2	3
イスラエル	0	2
ベネズエラ	1	2
米国	1	2

与四球 / BB% [投手]		
日本	13	5.0%
米国	15	5.5%
ドミニカ	16	7.2%
オランダ	24	8.9%
プエルトリコ	31	10.7%
ベネズエラ	33	11.3%
イスラエル	29	11.9%
キューバ	30	12.8%

奪三振 / K% [投手]		
日本	71	27.2%
ドミニカ	57	25.7%
プエルトリコ	69	23.7%
米国	64	23.4%
ベネズエラ	50	17.2%
キューバ	40	17.0%
イスラエル	40	16.5%
オランダ	39	14.5%

　投手は奪三振、与四球で参加国トップレベルの素晴らしい投球をみせたが失点を大きく減らすには至らず。打線は最多の 11 本塁打を放つなどしてよく得点を奪っておりバランスは取れていた。他国ではほぼ用いていない犠打を突出して企図しており、盗塁と併せ小技を用いる意識は強かった。

　中田翔と筒香嘉智がともに 3 本塁打を放ち長打力を見せる一方、小技へのこだわりもうかがえる第 1 回に似たスタッツを残したが、ロースコア勝負となった準決勝でアメリカに敗れ世界一奪還はならなかった。

2023 WBC STATS　2023.3.9-3.21

得点、失点ともにずば抜けた数字で他国を圧倒

投	1	ダルビッシュ有	米
	2	戸郷 翔征	巨
	3	松井 裕樹	楽
	4	佐々木 朗希	ロ
	5	大勢	巨
	6	大谷 翔平	米
	7	伊藤 大海	日
	8	山本 由伸	オ
	9	栗林 良吏	広 [欠]
	10	今永 昇太	De
	11	湯浅 京己	神
	12	宇田川 優希	オ
	13	髙橋 宏斗	中
	14	宮城 大弥	オ
	15	高橋 奎二	ヤ
	16	山﨑 颯一郎	オ [追]
捕	1	甲斐 拓也	ソ
	2	大城 卓三	巨
	3	中村 悠平	ヤ
内	1	山田 哲人	ヤ
	2	源田 壮亮	西
	3	牧 秀悟	De
	4	牧原 大成	ソ [追]
	5	中野 拓夢	神
	6	岡本 和真	巨
	7	山川 穂高	西
	8	村上 宗隆	ヤ
外	1	近藤 健介	ソ
	2	周東 佑京	ソ
	3	ラーズ・ヌートバー	米
	4	吉田 正尚	米
	5	鈴木 誠也	米 [欠]
監督		栗山 英樹	
コーチ		白井 一幸	
		吉村 禎章	
		清水 雅治	
		吉井 理人	
		厚澤 和幸	
		城石 憲之	
		村田 善則	

7試合　7勝0敗　率.299　防2.29

1R	中	0	0	0	0	0	1	0	0	0	1
	日	1	0	0	2	0	0	1	4	X	8

1R	韓	0	0	3	0	0	1	0	0	0	4
	日	0	0	4	0	2	5	2	0	X	13

1R	チ	1	0	0	0	1	0	0	0	0	2
	日	0	0	3	4	1	0	0	2	X	10

2R	日	3	2	0	1	1	0	0	0	0	7
	豪	0	0	0	0	0	0	0	0	1	1

準々	イ	0	0	0	0	2	0	0	1	0	3
	日	0	0	4	0	3	0	2	0	X	9

準決	メ	0	0	0	3	0	0	0	2	0	5
	日	0	0	0	0	0	0	3	1	2X	6

決勝	米	0	1	0	0	0	0	0	1	0	2
	日	0	2	0	1	0	0	0	0	X	3

試合数	
日本	7
米国	7
メキシコ	6
キューバ	6
ベネズエラ	5
プエルトリコ	5
イタリア	5
豪州	5

平均得点	
日本	8.0
米国	7.3
プエルトリコ	6.8
豪州	6.4
メキシコ	6.2
ベネズエラ	6.0
キューバ	5.2
イタリア	4.6

平均失点	
日本	2.6
プエルトリコ	3.4
ベネズエラ	3.6
米国	4.0
メキシコ	4.0
豪州	4.6
イタリア	5.2
キューバ	5.3

四球 / BB%		
日本	64	21.4%
豪州	24	12.6%
米国	32	11.5%
ベネズエラ	21	10.9%
メキシコ	24	9.9%
キューバ	22	9.3%
イタリア	17	8.7%
プエルトリコ	16	8.6%

三振 / K%		
プエルトリコ	38	20.5%
豪州	39	20.4%
メキシコ	48	19.8%
日本	58	19.4%
ベネズエラ	37	19.3%
イタリア	34	17.4%
米国	48	17.2%
キューバ	31	13.1%

本塁打 / ISO		
米国	12	.249
日本	9	.203
ベネズエラ	7	.202
豪州	7	.191
プエルトリコ	4	.153
メキシコ	6	.132
キューバ	2	.102
イタリア	1	.093

OPS	
日本	0.961
米国	0.947
ベネズエラ	0.835
豪州	0.815
キューバ	0.795
プエルトリコ	0.784
メキシコ	0.780
イタリア	0.713

GO/AO	
米国	0.51
豪州	0.71
ベネズエラ	0.83
プエルトリコ	0.86
日本	0.88
イタリア	0.96
メキシコ	1.19
キューバ	1.83

犠打	
日本	3
豪州	3
キューバ	3
イタリア	2
米国	0
ベネズエラ	0
プエルトリコ	0
メキシコ	0

盗塁 / 盗塁企図		
日本	10	11
メキシコ	7	8
イタリア	3	4
ベネズエラ	4	4
豪州	3	3
キューバ	2	3
米国	2	2
プエルトリコ	2	2

与四球 / BB% ［投手］		
日本	11	4.5%
ベネズエラ	14	7.3%
米国	20	7.8%
プエルトリコ	14	8.1%
メキシコ	22	9.9%
キューバ	24	10.1%
イタリア	21	10.7%
豪州	25	13.4%

奪三振 / K% ［投手］		
日本	80	32.9%
ベネズエラ	56	29.0%
プエルトリコ	47	27.2%
メキシコ	58	26.0%
キューバ	53	22.3%
米国	55	21.6%
豪州	38	20.4%
イタリア	37	18.8%

　過去 4 大会と比較すると今大会のスタッツの特殊性が見えてくる。圧倒的な四球を通じた出塁と併せて長打も放ち、打率は .299 とそこまで高くはないにもかかわらず、頭一つ抜けた得点力をつくりだしている。犠打を少なく抑えている。三振が多く、ゴロも少ない。

　投手陣も素晴らしく、与えた四球の少なさ、奪った三振の数はいずれも参加国で最もよく、平均失点でも 2 番目に少ないプエルトリコに 1 点弱の差をつけていた。

平均得点

2006	7.5
2009	5.6
2013	6.3
2017	6.7
2023	8.0

平均失点

2006	2.6
2009	1.8
2013	3.9
2017	3.4
2023	2.6

平均得失点差

2006	4.9
2009	3.8
2013	2.4
2017	3.3
2023	5.4

BB%

2006	9.9%
2009	9.7%
2013	11.1%
2017	11.8%
2023	21.4%

K%

2006	12.1%
2009	14.7%
2013	13.3%
2017	14.2%
2023	19.4%

本塁打 / ISO

2006	10	.167
2009	4	.094
2013	8	.154
2017	11	.194
2023	9	.203

犠打

2006	9
2009	7
2013	6
2017	9
2023	3

盗塁 / 盗塁企図

2006	13	15
2009	11	15
2013	7	11
2017	11	12
2023	10	11

GO/AO

2006	1.37
2009	1.32
2013	1.03
2017	1.26
2023	0.88

　5大会の攻撃指標の推移となる。平均得点と平均失点の差は、これまで第1回が最も大きかったが今大会で更新。平均得点8.0は、8強以上に残ったチームでは大会史上最も高かったが、これに加えて直近2大会で少し高めだった平均失点を下げることで、競争力をもたらされた。

　犠打の減少や盗塁の推移などは試合展開も大きく影響するため、これを持って志向が変化したというのは乱暴だが、犠打を駆使せずとも勝ち抜けたという事例は残ったというべきか。三振の頻度やゴロアウトとフライやライナーでのアウトの比率(GO/AO)でも、これまでとは様子の違う数字が出ており、短期決戦、一戦必勝の戦いを勝ち抜こうとしたとき、「粘り強さ」が必ずしも必要ではないということも示唆している。

https://www.mlb.com/world-baseball-classic
https://baseballsavant.mlb.com/

REPORT

内野前進守備を
敷くべきか？

中原 啓
（なかはら・ひろし）

　打者や投手の特徴や試合状況に基づき、定位置ではない場所に守備者を配置する守備シフトはプロ・アマ問わず広く用いられている。近年では守備者が定位置から大きく離れた極端な守備シフトにスポットライトが当たることが多い一方、前進守備や中間守備といったオーソドックスな守備シフトも試合状況に応じて用いられている。

　本検証では内野前進守備に焦点を当てる。内野前進守備を用いた場合、内野が前進することによるヒットゾーンの拡大と引き換えに、内野ゴロによる三塁走者の生還を阻止することができる。そのため、9回表同点1死二三塁といった、1点が勝敗に大きな影響を与える場面では、高い頻度で内野前進守備が用いられる。一方、1回表同点無死二三塁といった、目先の失点よりもアウトカウントを稼ぐことを重視する場面では、内野前進守備を用いない場合も多い。

　しかしながら、ある試合状況における内野前進守備の運用基準について、定量的に議論している分析は少ない。ヒットゾーンの拡大や三塁走者の生還がもたらす勝敗への影響を過大・過小に評価してしまい、守備シフトを適切に運用できていない可能性がある。本検証では「ある試合状況において、内野前進守備を用いるべきか？」について、定量的分析に基づいた結論を下すことを目指す。

方針

　本検証では、以下の2ステップによって、各試合状況において内野前進守備を敷くべきか否かを導出する。

　（1）内野前進守備の有無と打席結果の関係
　（2）内野前進守備の有無と勝利確率の関係

データ・仮定

　2019年〜2022年に行われたNPB公式戦のデータを使用する。DELTAでは、放送映像から把握できる範囲で内外野の守備シフトを取得している。内野前進守備を敷く可能性がある試合状況（無死あるいは1死、かつ、三塁あるいは二三塁の場面とした）における内野の守備シフトの運用状況は表1の通りである。

表1　内野守備シフトの運用状況
（2019年〜2022年/NPB）

守備シフト	割合
前進守備	53.8%
入力なし	38.3%
中間守備	7.4%
その他	0.6%

　このうち、内野前進守備として入力されたものについてはそのまま内野前進守備として処理する。一方、定位置については、どの守備シフトの入力もされていないもの（入力なし）を集計対象とする。また、本検証では、守備シフトによって打者の打球傾向が変化しないことを仮定する。

方法・結果

（1）内野前進守備の有無と打席結果の関係

　内野前進守備の有無と勝利確率の関係を明らかにする準備段階として、まず内野前進守備によって打者の打席結果がどのように変化するかを求める。打席結果の比較においては、守備シフトが打席結果に影響を及ぼす打球のみを比較対象とする。具体的には、守備シフトにかかわらず外野手が処理することが明らかな打球や、そもそも打球が発生しない打席結果（三振、四球など）は比較の対象としない。

　打球性質（ゴロ、ライナー、フライ）ごとの比較結果を次に記す。なお、DELTA ではライナーとフライナーを区別して記録しているが、サンプル数が少ないことと、本検証では区別しなくても大きな問題が無いと考え、両結果をライナーとして集計した。

○ゴロ打球（N=1177）

　ゾーンごとの処理状況を図１に示す。なお、ここでの処理とはボールに触れたことを指しているため、失策などを含む（以下同様）。野手正面の打球ゾーンでは処理率に大きな差が出ないが、野手と野手の間の打球（特に三遊間と二遊間）では、処理率に開きが出ていることが確認できる。集計したデータでは打球の強さの分布に差があったため、その差を補正した結果、全体のゴロ打球処理率は定位置の際に82%、内野前進守備の際に69%であった。

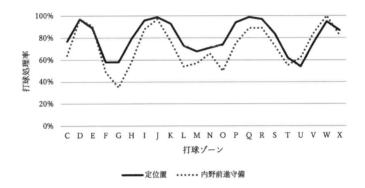

図１　ゾーン別ゴロ打球処理率

（2019年〜2022年/NPB）

○ライナー打球（N=306）

　ライナー打球において、飛距離の大きな打球（6以上）を内野手が処理することは定位置であっても困難である。そのため、ライナー全体の約77%に相当する打球距離5以下を比較対象とする。結果を図2に示す。全体のライナー打球処理率は定位置の際に24%、内野前進守備の際に23%であり、処理率にほとんど差は見られなかった。なお、打球距離1が記録されたライナーは存在しなかったため、省略した。

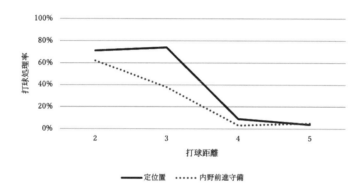

図2　距離別ライナー打球処理率

（2019年〜2022年/NPB）

○フライ打球（N=303）

　フライ打球においても同様の考えで、フライ全体の約40%に相当する打球距離5以下を比較対象とする。結果を図3に示す。フライ打球においては、打球の落下までに時間があるため、打球距離2〜3では差がつかなかった一方、打球距離4での処理率は定位置92%、内野前進守備53%と大きな差があった。打球距離5では、内野前進守備であっても外野手が処理できるため、定位置と内野前進守備とで差はつかなかった。全体のフライ打球処理率は定位置の際に88%、内野前進守備の際に76%であった。

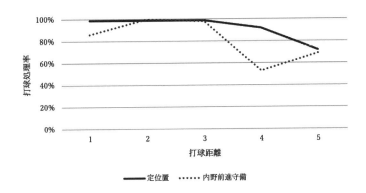

図3　距離別フライ打球処理率（2019年〜2022年/NPB）

これらのデータから、無死あるいは1死、かつ、三塁あるいは二三塁における打席結果の割合を用いて、内野前進守備の有無で打席結果が変化する割合は表2のように求められる。

表2　各打球性質における守備シフトごとの打球処理率

（2019年〜2022年/NPB）

打球性質	事象発生率	守備シフトによって処理率が変わる可能性がある打球の割合	定位置処理率	内野前進処理率	処理率の差
打球なし	32%	-	-	-	-
ゴロ	32%	100%	82%	73%	9%
ライナー	11%	77%	24%	23%	1%
フライ	25%	40%	88%	76%	13%
全体	-	-	-	-	6%

つまり、内野前進守備を敷くことで打球を処理できなくなった打席の割合は、全体（三振や四球なども含める）の約6%であることがわかった。

（2）内野前進守備の有無と勝利確率の関係

　内野前進守備の有無と打席結果の関係がわかったため、次にこれらの結果を用いて守備シフトと勝利確率の関係を明らかにすることを考える。ある試合状況（点差、イニング、アウトカウント、走者状況の組）において、特定の守備シフト（今回は定位置または内野前進守備）を取った際の勝利確率は以下の3ステップで求められる。

①各打席結果が起きる確率を求める。

↓

②各打席結果に対して試合状況がどのように遷移するかを求める。

↓

③遷移後の試合状況が持つ勝利確率を求め、各打席結果の発生確率で重み　づけた勝利確率を求める。

①各打席結果が起きる確率を求める

　無死あるいは1死、かつ、三塁あるいは二三塁において、内野が定位置の場合の各打席結果が起きる確率を表3に示す。算出にあたっては実際の試合で起きた結果を集計し、そのまま用いる。

表3　定位置の際に各打席結果が起きる確率

（2019年〜2022年/NPB）

種別	三振	四死球	凡打	単打	二塁打	三塁打	本塁打	その他
定位置	16.6%	18.7%	31.1%	13.8%	4.3%	1%	3%	12.4%

　一方、同試合状況において内野が前進守備の場合の各打席結果が起きる確率を表4に示す。算出にあたっては、内野手が定位置の場合の各打席結果の確率（表3）を（1）で求めた値を利用して操作するかたちをとる。

表4　内野前進守備の際に各打席結果が起きる予測確率

種別	三振	四死球	凡打	単打	二塁打	三塁打	本塁打	その他
内野前進	16.6%	18.7%	26.8%	18.0 %	4.6%	1%	3%	12.2%

②各打席結果に対して試合状況がどのように遷移するかを求める

　次に、各打席結果に対する試合状況の遷移がどのような割合で発生するかを求める。例えば無死二三塁で単打が発生した場合、[ア]二塁走者が本塁に生還して2点が入るケース、[イ]二塁走者が三塁で止まり1点が入るケース、[ウ]二塁走者が本塁で刺され1点が入り1死となるケースなど、様々な遷移が想定される。以降では、実際の試合で起きた結果を基に、各打席結果に対応する試合状況の遷移確率を求める。

○三振・四死球の場合

　三振および四死球の場合、三振であればアウトを1つ増やし、四死球の場合は一塁に走者を増やす遷移とした。

○凡打の場合

　凡打はゴロ打球、ライナー打球、フライ打球に分類される。このうち、ゴロ打球については内野前進守備の有無で試合状況の遷移が変わることが想定される（内野ゴロの場合、定位置では一塁に送球されるが、内野前進守備では本塁に送球される等）。ゴロ打球について、過去の試合を集計して得られた各守備シフトでの遷移は表5の通りである（発生割合の高い結果のみ掲載）。

表5　ゴロ凡打発生時の試合状況遷移上位4件

（2019年〜2022年/NPB）

遷移	定位置	前進守備
三塁走者ストップ、一塁送球アウト	16.7%	50.2%
三塁走者突入、一塁送球アウト（得点有）	71.5%	15.6%
三塁走者突入、本塁送球アウト	8.6%	30.4%
三塁走者突入、本塁送球セーフ（得点有）	1.3%	2.5%

　ライナー、フライ打球については、走者をそのまま固定し、アウトカウントを1つ増やす遷移とした。（犠飛はその他に分類されているため）

○単打の場合

　走者が三塁の場合、1点が入り走者一塁への遷移とした。走者が二三塁の場合、単打における遷移は表6の通りである。（発生割合の高い結果のみ記載）。

表6　単打発生時の試合状況遷移上位3件

（2019年〜2022年/NPB）

遷移	割合
二塁走者ストップ	57.6%
二塁走者生還、打者走者一塁	33.7%
二塁走者生還、打者走者二塁へ進塁	3.3%

○二塁打の場合

二塁打における遷移は表7の通りである。

表7　二塁打発生時の試合状況遷移

（2019 年〜 2022 年 /NPB）

遷移	割合
走者一掃、打者走者二塁	94.7%
二三塁	4.2%
走者一掃、打者走者三塁	1.1%

○三塁打・本塁打の場合

三塁打の場合、走者一掃かつ打者走者が三塁到達とした。本塁打の場合、走者の人数分の点数が入り、走者なしとした。

③遷移後の試合状況が持つ勝利確率を求め
各打席結果の発生確率で重みづけた勝利確率を求める

次に、各試合状況（イニング、表裏、点差、アウトカウント、走者の組で表現）が持つ勝利確率を求め、遷移確率で重みづけた勝利確率を求める。各試合状況が持つ勝利確率の一部を例として表8に示す。

表8　各試合状況と勝利確率の出力例（守備チーム目線）

イニング	表裏	点差	アウトカウント	走者	勝利確率
1	オモテ	0	0	三	40.2%
4	オモテ	− 2	0	二三	14.7%
7	ウラ	3	1	三	85.0%
9	オモテ	1	1	二三	56.2%

各勝利確率への遷移を1および2で求めた遷移確率に基づいて重み付け、

定位置時と内野前進時での勝利確率を計算し、比較する。イニング（1〜9回）と点差（1点リード、同点、1点ビハインド）を変数とし、表裏を表、走者を三塁、アウトカウントを0で固定した際の内野前進守備の有無と勝利確率の関係を図4に示す。

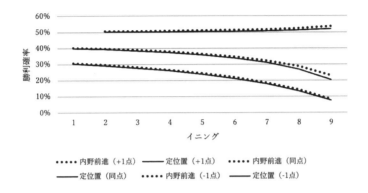

図4　守備シフトと勝利確率（表裏を表、走者三塁、0アウトで固定）

　図4に示す通り、設定した条件すべてにおいて、内野前進守備を取った際の勝利確率が定位置の際の勝利確率を上回った。差が微小であるため、差を取った図を下記に示す。

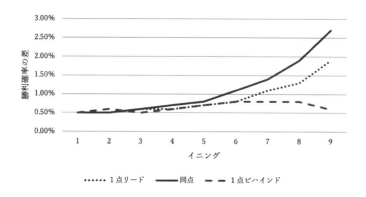

図5　図4における両勝利確率の差

　ほとんどの試合状況において、内野前進守備を取った際の勝利確率が少なくとも約 0.5% 以上高くなることがわかった。この差は試合が進むほど大きくなる傾向にあり、9回の同点時では約 2.7% の差となった。

　次に、より網羅的に検証するため、以下を変数として勝利確率の比較を行った。

イニング：1〜9回
表裏：表、裏
点差：7点リード〜7点ビハインド
アウトカウント：無死，1死
走者：三塁、二三塁

　上記の組み合わせ 9720 通りから、存在し得ない 1 回表で守備チームがリードする状況を除いた 9692 通りについて検証したところ、74 通りについては定位置の方が勝利確率が高い結果となった。これらの試合状況に見られる共通の傾向として、

6回以降

守備チームが２点差以上リードしている

などが挙げられる。そのうち、0.5% 以上の差がついた試合状況を表９に示す。

表９　定位置の方が勝率が 0.5% 以上高くなる試合状況

項番	イニング	表裏	点差	アウトカウント	走者	差
1	9	オモテ	3	0	三	0.6%
2	9	オモテ	2	0	三	0.9%
3	9	オモテ	2	1	三	0.8%
4	9	オモテ	2	1	二三	0.5%
5	9	ウラ	3	0	三	0.7%
6	9	ウラ	2	0	三	1.1%
7	9	ウラ	2	1	三	0.9%
8	9	ウラ	2	1	二三	0.7%

まとめ

　ほとんどの試合状況において、内野前進守備を敷いた方が勝利確率を増加させる結果となった。一方、定位置で守った方が勝利確率が増加する試合状況として、試合終盤かつ２点以上リードしている場面が多く挙げられた。

　言い換えると、多くの試合状況において、内野前進した際の処理率が６％程度下がってしまうデメリットを、内野手がゴロを処理した際の失点率を５０％以上削減できるメリットが上回ることを示している。序盤であればアウトカウントを増やすことを重視し、定位置で守るように采配する場面も少なくないが、序盤であっても防げる失点はしないことが勝利を目指す上で重要であることを示唆する結果となった。

　本検証では、対戦打者が持つ固有の打球傾向を考慮していない点や、対戦打者（投手）が守備シフトを観測して打球（投球）傾向を変更する可能性を考慮していない点、勝利確率が全チームの平均的な値であり、ブルペンの戦力などのチーム事情が反映されていない点などに改善の余地がある。今後の課題として、打者ごとの詳細な打球傾向を考慮することでより精度の高い処理率推定を行ったり、機械学習などを用いた精度の高い勝利確率推定を行ったりすることが挙げられる。

阪神タイガースのエラーと
甲子園での守備

佐藤 文彦
（さとう・ふみひこ）

　阪神タイガースのエラーの多さが指摘されている。エラーにはイレギュラー要素も関わるので、単年であれば「そういうシーズンもある」で済ますことができるかもしれないが、何年も続くのであれば運不運ではなく何か原因があると見てよいだろう。では、このエラーの多さは単に阪神の野手の技量の問題と考えてよいのだろうか？

"甲子園"の影響はエラーの起こりやすい球場なのか？

　エラーの多さを阪神の野手の技量の問題と結びつけることに躊躇する理由は、2020年の"1.02 FIELDING AWARDS 2020"三塁手部門の分析[1]で甲子園は安打になりやすい球場であることが報告されているからである。

　「安打になりやすい＝エラーが起こりやすい」というわけではないだろうが、野手の技量を疑う前に環境の影響があるのかどうか把握しておく必要があるだろう。

　というわけで、まずは2018年から2022年までのセリーグ6球団の本拠地球場で生じたエラー数を、ホームチームとビジターチームで集計した。甲子園において、ホームの阪神だけではなく、ビジターチームでも多くのエラーが起こっていれば、球場の影響があると考えられる。

　データを見る前に、以下の表1に本稿で使用した球場名とその略称、ホームチーム名を示す。

表1 セ・リーグ6チームの球場と略称

球場	略称	本拠地チーム
明治神宮野球場	神宮	ヤクルト
横浜スタジアム	横浜	横浜 DeNA
阪神甲子園球場	甲子園	阪神
東京ドーム	東京ドーム	巨人
MAZDA Zoom-Zoom スタジアム広島	マツダ	広島
バンテリンドーム ナゴヤ	バンテリン	中日

　本稿では以降、文字数の都合からこの略称をそれぞれの球場名として用いた。将来球場名が変わる可能性もあるが、その場合は本拠地チーム名を参照してほしい。

　それでは、ホームチームのデータを図 1-1 に、ビジターチームのデータを図 1-2 に示す。

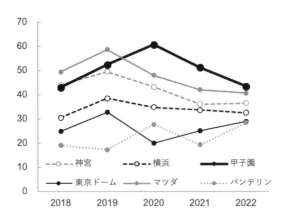

図 1-1　球場別エラー数（ホーム：72 試合換算）

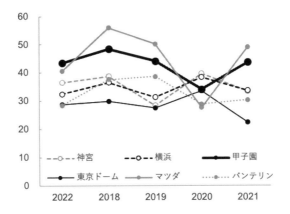

図1-2　球場別エラー数（ビジター：72試合換算）

　エラー数のデータは、1試合あたりのエラー数を求めit を72試合分に換算した値である。地方開催等、表1で示した球場以外での試合の記録はカウントしていない。

　データを見ると、ホームとビジター共に甲子園はエラーの多い球場であるといえる。同様の傾向はマツダでも見られる。このデータは、チームを問わず甲子園ではエラーが起こりやすいことを示している。それでは甲子園の中にもエラーが起こりやすいポジションというものはあるのだろうか?

　これを調べるために、各球場のポジションごとにエラー数をカウントしたデータを以下の図2-1と図2-2に示す。

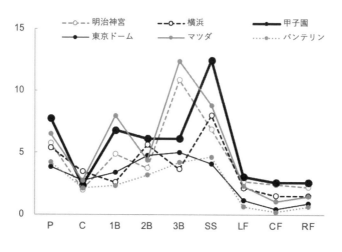

図 2-1　ポジション別エラー数（ホーム：72 試合換算）

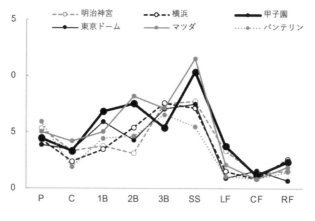

図 2-2　ポジション別エラー数（ビジター：72 試合換算）

　データは 2018 年から 2022 年間での 5 年分を合計し、1 試合あたりのエラー数を求め 72 試合分に換算したものである。

　どの球場にも当てはまるが、基本的に外野手（LF・CF・RF）のエラーは少

ない。そして甲子園では遊撃手(SS)のエラーが多いことがわかる。このような傾向から、以降は遊撃手のデータから、甲子園でのエラーの特徴を分析した。

グランド上でのエラーの起こりやすい場所は？

　次は、遊撃手の守備範囲の中でエラーの起こりやすい場所をそれぞれの球場で比較した。遊撃手の守備範囲は以下の図3に示す二・三塁間の距離3へのゾーンへのゴロを対象に集計した。

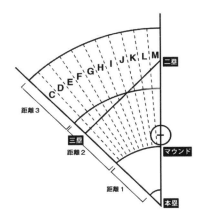

図3　二・三塁間のゾーン区分

　球場ごとに各ゾーンでの遊撃手のエラー率(エラー/守備機会)を図4-1(左打者)と図4-2（右打者）に示す。

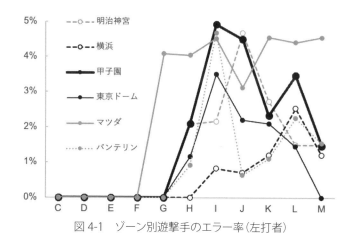

図 4-1　ゾーン別遊撃手のエラー率（左打者）

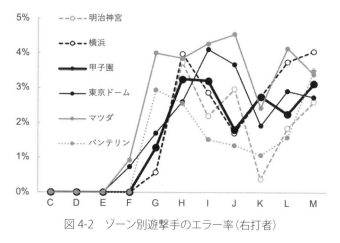

図 4-2　ゾーン別遊撃手のエラー率（右打者）

　遊撃手が守備に関与し始めるのが F・G のゾーンあたりで、この辺りが三遊間でアウトを取るのが難しくなる。また、二塁寄りの M のゾーンに近いほどアウトを取るのが難しくなる。個人的な予想としては、そうしたアウトを取るのが難しいゾーンでエラーが起こる確率も高くなるのではないかと考えていた。しかし、甲子園のデータを見ると図 4-1 の左打者に対しては寧ろ定位置に近い I と J のゾーンでエラー率が高い。また、図 4-2 の右打者のデータ

を見ると、甲子園では他の球場と比較しても突出してエラーが起こりやすい
ゾーンが無いことがわかる。それも一つの特徴といえるが、エラーの原因と
してグラウンド上の捕球位置の影響は弱いといえる。

エラーと時間の関係

　エラーの原因として、捕球位置の影響が弱いのであれば、捕球までの経
過時間が影響している可能性が考えられる。単純に経過時間の短い速いゴ
ロの捕球は難しく、逆に経過時間の長い遅いゴロの捕球は楽だが一塁までの
送球の余裕がなくなる。

　こうした捕球までの経過時間の影響を検証するため、まずは図5に示すよ
うに遊撃手が捕球した位置のホームベースからの距離を計算した。

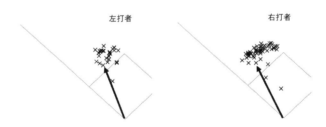

図5　遊撃手のエラー位置のプロット（甲子園）

　これは例として甲子園で遊撃手が捕球したゴロがエラーとなった位置を×
でプロットしたもので、図中の線はダイヤモンドと三塁線を表している。一塁
側は省略している。図の矢印で示したように、ホームベースから捕球位置ま
での距離を求め、これと捕球までの経過時間と、捕球した結果（凡退・内野
安打［内安］・エラー）の関係を比較した。甲子園のデータを図6-1に示す。

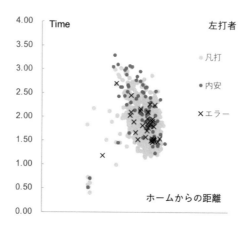

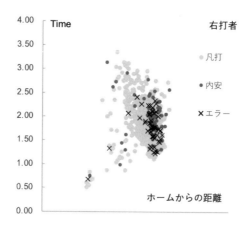

図6-1　遊撃手が捕球したゴロの
ホームからの距離と時間と結果の関係(甲子園)

　縦の軸に経過時間を、横の軸にホームベースからの距離の値を取ってプロットしている。ホームベースからの距離は実測値ではなく、座標上の値から距離を求めたものなので数値は示していないが、右に行くほど距離は長く

なる。甲子園の場合、右打者のプロットで経過時間が 1.00 から 2.50 秒辺り
にエラーの×のプロットが集中している。これが他の球場ではどのような傾
向になるのだろうか？　図6-2に神宮、図6-3に横浜、図6-4に東京ドーム、
図6-5にマツダ、図6-6にバンテリンのデータを示す。

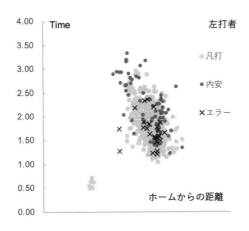

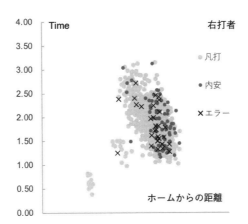

図6-2　遊撃手が捕球したゴロの
ホームからの距離と時間と結果の関係（神宮）

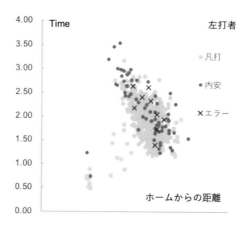

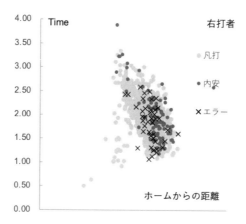

図6-3 遊撃手が捕球したゴロの
ホームからの距離と時間と結果の関係(横浜)

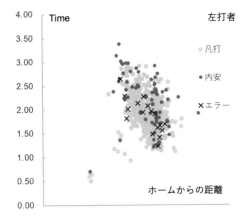

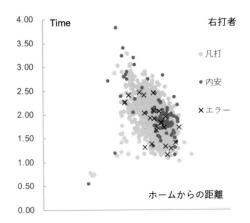

図 6-4　遊撃手が捕球したゴロの
ホームからの距離と時間と結果の関係（東京ドーム）

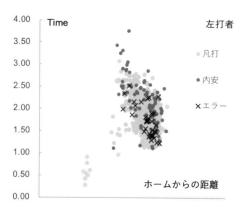

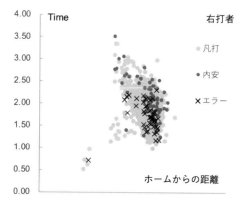

図 6-5　遊撃手が捕球したゴロの
ホームからの距離と時間と結果の関係（マツダ）

46

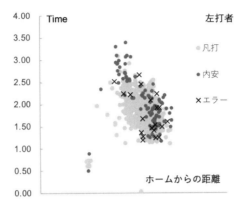

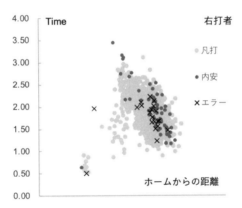

図 6-6　遊撃手が捕球したゴロの
ホームからの距離と時間と結果の関係（バンテリン）

　あくまで視覚的な差異ではあるが、甲子園とのプロットの違いを見ることができた。最も顕著だった、甲子園と東京ドームの右打者のプロットを比較したものを図 6-7 に示す。

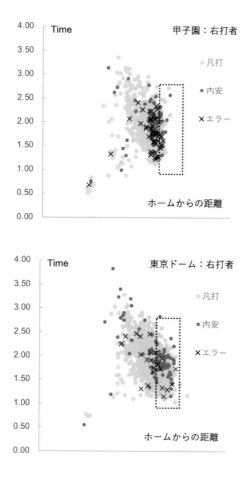

図 6-7　遊撃手が捕球したゴロの
ホームからの距離と時間と結果の関係（甲子園と東京ドーム）

　上に甲子園、下に東京ドームのデータを示している。データ自体は図 6-1 と図 6-4 と同じものだが、図中に破線で囲んだ枠を追加した。これは 2 球場で同じ距離と経過時間の範囲を囲んでいる。

　図 6-7 を見ると顕著だが、甲子園ではこの枠内のプロットがほとんど見られない。一方で、東京ドームはこの枠内にもプロットを多く確認できる。この距離と時間の範囲に注目した場合、マツダのプロットは甲子園に似ており、他の球場は東京ドームに似ている。遊撃手のエラーの多い球場と少ない球場で分かれたかたちである。

　このデータが示しているのは、甲子園の遊撃手は他のエラーの少ない球場と比べると、ホームベースに近い位置でゴロを捕球しようとしているということである。この傾向は以前の分析[2]で確認しているが、ホームベースに近い位置で経過時間の短いゴロを捕球しようとしてエラーが多くなっているというのが今回の分析の示すところではないだろうか。

まとめ：エラー改善案

　以上、速いゴロをホームベースにより近い位置で捕球しようとすることで他の球場よりもエラーが生じやすくなっているというのが甲子園という球場の特徴ではないだろうか。そして、甲子園での試合が最も多い阪神がこの影響を強く受けているといえるだろう。

　本稿のまとめとして、阪神のエラー改善案を 4 つほど提案してみたい。1 つは、難しいゴロは無理に追わないことである。確実にアウトを取れる打球だけ捕球を心がければエラーの数を減らすことができる。チームとしては被安打と失点が増えるわけで本末転倒なのだが、エラーを減らすことを目的にしてしまうとこういう落とし穴もある。非現実的な案に聞こえるかもしれないが、かつて広い守備範囲を誇っていた野手が加齢とともに守備範囲が狭くなったが、定位置付近は確実にアウトを取りエラーも少ないというケースはそこまで珍しいわけでもない。

　2 つめは、ゴロの処理技術を向上させることである。ホームベースに近い

位置であっても、速いゴロを正確に処理できるようになるよう練習を重ねることだ。しかし、阪神も毎年練習しているだろうし、似た条件のマツダでも同じような現象が起きていることは、現実的な問題として達成可能な目標なのかという点に疑問がある。また、仮にこの条件をパスすることができる遊撃手がいたとしても、これに加えて打撃での貢献まで望むことはおそらく難しいだろう。まっとうな改善案のようで一番難しい方法なのかもしれない。

　3つめは、他の球場のようにホームベースから離れた位置で捕球を試みることである。すべての守備の場面で後退するというよりは、打者や試合展開に合わせて二・三塁間に速いゴロを打ってくる可能性の高い打者を相手にエラーが許されない状況では後退するといった選択肢を一つ持っておくというのが現実的ではないだろうか。幸い、打者の打球の方向やゴロの速度等のデータは現在では利用可能であるので、実行も十分可能だと考えられる。

　最後に、ある程度のエラーは許容することである。鳥谷敬氏は、エラーの数よりも致命的なエラーを減らすことが大切であると指摘している[3]。筆者もこの考えに賛同する。

　例えば、走者二塁の状況で遊撃手がゴロを捕球できず外野に抜けた場合、もしくは捕球しても悪送球になった場合、走者は本塁まで帰って得点になる可能性が高い。しかし、捕球はできても一塁には投げられず内野安打になった場合、またはその場でファンブルしてしまった場合でも、二塁走者は良くて三塁に到達できるかどうかだろう。

　鳥谷氏のいう致命的なエラーはこの場合多くの進塁を許してしまう悪送球のようなプレーといえるだろう。一方、ファンブルになってもゴロをストップできれば損失はそれほど大きいものではない。こうした損失の大きくないエラーはチームとして許容しようという案である。エラー数よりもチームの失点を減らすことを目的としたもので、チームとして損失の大きくないエラーが出る分には構わない、という保証が無ければ野手個人の意識や判断として実行は難しいだろう。

　岡田彰布監督もエラーの改善には取り組むという発言があったので、2023年の阪神がどのような方法を取るのか、ここにあげたような方法なのか、それとも全く予想外の方法を取るのか……。今シーズンの注目ポイントの一つ

といえるのではないだろうか。

1) 野手の守備力をデータから分析し評価する "1.02 FIELDING AWARDS 2020"
   三塁手部門
   https://1point02.jp/op/gnav/column/bs/column.aspx?cid=53664

2) 捕球位置が前寄りに？　甲子園における三塁守備の特徴を分析する
   http://1point02.jp/op/gnav/column/bs/column.aspx?cid=53683

3) 【鳥谷敬】阪神ワースト失策に「数ではなく"致命的"減らせるか」
   https://www.nikkansports.com/baseball/news/202201220000595.html

クライマックスシリーズ
ファイナルステージの非対称性

市川 博久
（いちかわ・ひろひさ）

　現在の NPB では日本シリーズに出場するチームをクライマックスシリーズ（以下、「CS」という。）により決めている。レギュラーシーズン上位チームのアドバンテージをどのような方法でどの程度つけるか、議論が起こることも多い。しかし、実際に行われたシリーズの結果に基づいて、試合形式やアドバンテージの内容が論じられることは少ないように思う。特にファイナルステージについては、日程の関係から 2 位または 3 位のチームの投手起用に制約がかかるが、これによりどの程度 1 位チームにアドバンテージが生まれるかについてはあまり分析がされていない。

　そこで、レギュラーシーズンとポストシーズンとの差、ファーストステージとファイナルステージの差を比べながら、ファイナルステージの特殊性を明らかにしていく。

CS での上位チームと下位チームの成績の概要

　今回の分析では、2015 年から 2022 年までの CS の結果、当該期間中のレギュラーシーズンの結果を用いている。

　まずはこの期間における各ステージの上位チーム（ファーストステージなら 2 位チーム、ファイナルステージなら 1 位チーム。以下同じ。）の勝敗を見ていく。

表1　CS ステージ別上位チーム勝率

勝敗	ファースト	ファイナル
勝利	17	35
引分	1	2
敗北	19	20
勝率	.472	.636
ステージ勝率	.429	.800

この期間に限定するとファーストステージでは、2 位チームの勝率が 5 割をやや下回っており、ファイナルステージに進出した割合も .429 となっている。2 位チームと 3 位チームとでは、戦力的には 2 位チームが多少なりとも上回っているだろうし、全試合ホーム球場で行えることによるアドバンテージもあるはずだが、わずかながら劣勢となっている。単純に期間が短いことによる偏りの可能性も疑われるが、少なくともファーストステージにおいては、特に 2 位チームに大きなアドバンテージがあるように見えないことは確かだ。

これに対して、ファイナルステージでの 1 位チームの勝率は .636、日本シリーズに出場した割合も 8 割となっている。優勝チームの勝率が 6 割を超えることはそう多くない上に、対戦チーム同士の戦力差は 4 位～6 位チームとの対戦を含むレギュラーシーズンと比べても拮抗しているということからすると、.636 という勝率は異様な高さだ。ファーストステージとは異なり、ファイナルステージは明確に上位のチームにアドバンテージがある。

続いて、同じように 1 試合平均得失点も見ていく。

表2　CSステージ別上位チーム得失点

得失点	ファースト	ファイナル
平均得点	3.30	3.98
平均失点	3.49	3.25
差	-0.19	0.74

　ファーストステージでは2位チームの平均得点が3.30に対して平均失点が3.49。得失点差はわずかながらマイナスであり、得失点から見てもほぼ拮抗した試合が行われていることがうかがわれる。

　これに対して、ファイナルステージでは1位チームの平均得点が3.98に対して平均失点が3.25。得失点差にして1試合当たり0.7点を超える差がある。得失点を比べても、やはり1位チームが圧倒していることがわかる。

　また、これらの平均得失点はいずれもレギュラーシーズンよりも低い値となっている。短期決戦では得点が入りづらいということもよく言われることだが、それはCSについては当てはまるようだ。特にファーストステージはよりその傾向が強い。

　さらに、wOBAの値も比べていく。

表3　CSステージ別wOBA

種別	ファースト	ファイナル
上位チーム	.308	.316
下位チーム	.301	.299
差	.007	.017

　wOBAを比べると、ファーストステージでは2位チームのwOBAが.308、3位チームのwOBAが.301となっており、2位チームがわずかに高い値となっている。勝敗と得失点では、3位チームと数値が逆転していたが、wOBAで見るとわずかに2位チームが高い。このことからも、特に2位チームが不利を受けているわけではないように思われる。

　一方で、ファイナルステージでは1位チームのwOBAが.316、ファースト

ステージ突破チームのwOBAが.299とその差は.017。40打席換算で約0.55点分の差がある。

　実際の勝敗や得失点だけではなく、打席での結果に着目しても、ファイナルステージでの1位チームの優位性は明らかだ。

レギュラーシーズン中のチーム成績と
CSに出場した選手の成績比較

　これまでに見てきたCSファイナルステージでの1位チームとCSファーストステージ突破チームとの差は、チームの戦力差そのものに起因している面もあるだろう。1位のチームと2位または3位のチームではほとんどの場合、1位チームの方が戦力が高いのは当然だ。しかし、CSファイナルステージの勝敗、得失点、wOBAの差を見る限りは、チームの戦力以上に差が開いているように見える。このような差が生まれる理由は、レギュラーシーズンとCSとの選手起用の差が考えられる。

　まずはCSファーストステージ、ファイナルステージそれぞれに出場したチームの野手平均wOBA（投手の打撃成績は除いている。）と投手平均被wOBAを比較していく。

表4　CS出場チームのシーズン中のwOBAと被wOBA

ステージ	チーム	シーズン中の チーム野手平均 wOBA	シーズン中の チーム投手平均 被wOBA	CSでの wOBA
ファースト	2位チーム	.325	.310	.308
	3位チーム	.319	.310	.301
ファイナル	1位チーム	.338	.312	.316
	ファースト勝利チーム	.321	.309	.299

ファーストステージ、ファイナルステージともに、シーズン中の成績を比較すると上位チームの方が高い wOBA であることがわかる。一方で投手の被 wOBA を見ると、ほとんど差が無いか、わずかながら上位チームの方が高い（失点しやすい）傾向が見られる。8 年間(うち 1 年間はセ・リーグの CS がなく、パ・リーグも CS の試合数が削減されている)という短期間での結果から、一般に上位チームの方が投手力が低い傾向にあるといえるかは疑問だが、投打双方を比べるとより上位のチームの方が高い戦力を持っていることは間違いないようだ。

ただし、これはあくまでレギュラーシーズンを通しての成績だ。CS は短期間の勝負となることから、戦力をあえて温存する必要性は低く、選手の疲労軽減などをあまり考慮せずに、優秀選手をできるだけ高い頻度で起用していることも考えられる。この起用法の違いが、これまで見てきたような 1 位チームの優位性に繋がっているだろうか。

まずはレギュラーシーズンの野手の平均 wOBA と CS で出場した野手の平均 wOBA を比較していく。CS で出場した野手の平均 wOBA は、出場した野手の打席数に基づいて加重平均を行っている。例えば、wOBA が .350 の野手が 4 打席、wOBA が .300 の野手が 1 打席出場していた場合の平均 wOBA は、(.350 × 4 ＋ .300 × 1)÷ 5=.340 となる。

表5　CS 出場チームのシーズン中の wOBA と
CS で出場した野手の平均 wOBA

ステージ	チーム	シーズン中のチーム野手平均 wOBA	CS で出場した野手の平均 wOBA	シーズンとの差
ファースト	2 位チーム	.325	.333	0.008
	3 位チーム	.319	.326	0.007
ファイナル	1 位チーム	.338	.345	0.007
	ファースト勝利チーム	.321	.330	0.008

いずれのチームでもシーズン中の平均 wOBA よりも、CS で出場した野手の平均 wOBA が .007 〜 .008 ほど高くなっている。これは CS での起用がシーズン中の成績を参照して行えること、つまりどの野手が打てて、どの野手が打てないか、ある程度予想できる状態で起用ができることや、疲労軽減のために主力を休ませることを CS ではあまり行わないことが影響していると思われる。一般的に、CS ではレギュラーシーズンに比べて、良い投手が起用されると言われるが、打者についても程度の差こそあれ同様の傾向は見られる。

また、シーズン中との差については、ファーストステージ、ファイナルステージいずれについても、上位チームと下位チームとで差は無い。確かに、シーズン中に比べて、より優秀な打者が起用されているが、それはどのチームも同じで、これが原因で差が生まれているのではないことがわかる。

次に投手についても、レギュラーシーズンの平均被 wOBA と CS で出場した投手の平均被 wOBA を比較していく。投手についても野手と同様に対戦打者数に基づいて加重平均を行っている。

表6　CS 出場チームのシーズン中の被 wOBA と
CS で出場した投手の平均被 wOBA

ステージ	チーム	シーズン中の チーム投手平均 被 wOBA	CS で出場した 投手の平均被 wOBA	シーズン との差
ファースト	2 位チーム	.310	.286	-0.025
	3 位チーム	.310	.291	-0.019
ファイナル	1 位チーム	.312	.295	-0.017
	ファースト勝利チーム	.309	.300	-0.010

野手の wOBA と比較しても、投手の被 wOBA の差はかなり大きい。ファーストステージでは 2 位チームで .025、3 位チームで .019 の差があり、ファイナルステージでも 1 位チームで .017、ファーストステージ突破チームで .010 の差がある。レギュラーシーズンに比べて、平均得点が下がっていたのは、CS では優秀な投手が起用される機会が増加することが理由のようだ。

　また、ファイナルステージに比べるとファーストステージの方がより被
wOBA の差が大きい。ファーストステージの試合数は 2 試合か 3 試合なの
に対して、ファイナルステージでは 3 試合から 6 試合となることから、ファー
ストステージの方がより優秀な先発投手が登板する割合が高いということが
原因だろうか。

　さらに、ファーストステージでもファイナルステージでも上位チームの方
がより、シーズンと比較しても優秀な投手が起用される傾向が強いといえる。
ファーストステージでこのような結果が生じた理由は推測が難しいが、ファイ
ナルステージについては、1 位チームが優秀な先発投手を温存できたことに
よるものだと推測できる。

　以上のように、シーズン中の wOBA、被 wOBA と CS で起用された選手の
それらの平均とを比較した結果からすると、ファイナルステージでの 1 位チー
ムの優位性は、主として投手起用の差から生まれていると推測される。

試合順ごとの結果から考えられる 1 位チームの優位性の原因

　最後にこれまでの結果から導き出された仮説を補強するために、試合順ご
との結果についても見ていく。現在の CS の日程を前提とすると、ファースト
ステージを突破したチームは、ファイナルステージの 1 試合目と 2 試合目に
先発ローテーション 1、2 番手の投手を起用することは難しい。試合順ごと
の結果を見ていくことでこれがファイナルステージの結果にどのような影響を
与えているのかを確かめていく。

　まずは比較のためにファーストステージの結果から見ていく。

表7　CSファーストステージ2位チーム勝敗（試合別）

勝敗	1試合目	2試合目	3試合目
勝利	7	7	3
引分	0	1	0
敗北	7	6	6
勝率	.500	.538	.333

　3試合目こそ2位チームが大きく負け越しているが、それ以外はほぼ互角の結果となっている。

　これに対して、ファイナルステージの結果はどうなっているだろうか。

表8　CSファイナルステージ1位チーム勝敗（試合別）)

勝敗	1試合目	2試合目	3試合目	4試合目	5試合目
勝利	11	11	6	5	2
引分	0	0	2	0	0
敗北	4	4	6	4	2
勝率	.733	.733	.500	.556	.500

　3試合目以降は互角の結果となっているが、1,2試合目の1位チームの勝率は.733となっている。なお、この期間中に6試合目までもつれたことは無かった。単純に計算すると2試合終わった段階で1位チームが2連勝している確率は5割を超えており、2連敗している確率は1割にも満たないことになる。この結果は、限られたサンプルサイズによる偏りが影響した可能性もあるが、日程の影響も大きいだろう。

　試合順ごとの得失点についても見ていく。

表 9　CS ファイナルステージ 1 位チーム得失点（試合別）

得失点	1 試合目	2 試合目	3 試合目	4 試合目	5 試合目
得点	4.00	4.73	3.00	3.56	5.50
失点	2.27	2.60	3.71	4.56	4.75
得失点差	1.73	2.13	-0.71	-1.00	0.75

　1 試合目と 2 試合目では平均して 2 点前後の得失点差があることがわかる。失点は 2 点台に抑えられているのに対して、得点は 4 点を超えている。一方で 3 試合目、4 試合目では反対に失点が得点を 1 点程度上回っている。ちょうど 3 試合目、または 4 試合目あたりから、ファーストステージ突破チームの先発ローテーション 1 番手の投手が登板し、1 位チームの先発ローテーションが下位に下がっていくタイミングと一致している。

　得失点差を比較しても、先発ローテーション上位の投手を温存できること、ファイナルステージ 1、2 試合目での先発投手のミスマッチにより試合を優位に進められることが 1 位チームの優位性に繋がっていると考えられる。

　さらに、試合順ごとの選手起用の差異を見ていく。

表 10　CS ファイナルステージ出場野手の平均 wOBA（試合別）

種別	1 試合目	2 試合目	3 試合目	4 試合目	5 試合目	総計
1 位チーム	.346	.346	.343	.343	.350	.345
ファースト勝利チーム	.329	.329	.327	.333	.339	.330
差	0.017	0.017	0.016	0.010	0.010	0.015

　出場した野手の平均 wOBA は 1 試合目から 5 試合目までで大きく変わることはない。レギュラークラスの野手をあえて試合に出さないということは考えがたいため、選手起用を大きく変更させる余地が少ないためだろう。野手の打力については、日程が影響を与えることはほぼなく、単に地力の差が表れているだけのようだ。

　では、投手の起用法は 1 位チームとファーストステージ突破チームとで違いがあるだろうか。

表 11　CS ファイナルステージ出場投手の平均被 wOBA（試合別）

種別	1 試合目	2 試合目	3 試合目	4 試合目	5 試合目	総計
1 位チーム	.282	.293	.303	.296	.316	.295
ファースト勝利チーム	.311	.302	.292	.282	.316	.300
差	0.028	0.009	-0.012	-0.015	0.000	0.004

　出場した投手の平均被 wOBA は、野手の平均 wOBA と比較して試合ごとに大きく動いている。これまでの推測どおり、1 位チームでは 1 試合目が最も被 wOBA が低く、徐々に被 wOBA が高くなっている。これに対して、ファーストステージ突破チームでは 4 試合目が最も被 wOBA が低く、次いで 3 試合目となっている。

　こうした差異は先発投手の差によって生まれると思われる。先ほどの平均被 wOBA を先発した投手に限定して整理した結果が次のとおりだ。

表 12　CS ファイナルステージ先発投手の平均被 wOBA（試合別）

種別	1 試合目	2 試合目	3 試合目	4 試合目	5 試合目	総計
1 位チーム	.280	.301	.302	.305	.347	.298
ファースト勝利チーム	.316	.313	.295	.283	.310	.304
差	0.036	0.011	-0.007	-0.022	-0.037	0.006

　こちらは 1 位チームの平均被 wOBA が 1 試合目から徐々に高まっている傾向がより明確になっている。ファーストステージに出場した先発投手の平均被 wOBA との比較からも、1 位チームの優位性に日程が大きな影響を与えていることがわかる。

表 13　CS ファーストステージと
ファイナルステージ先発投手の平均被 wOBA の比較

種別	1 試合目	2 試合目	3 試合目
ファースト平均	.281	.297	.298
1 位チーム平均	.280	.301	.302

　上段はファーストステージの両チームの 1 試合目から 3 試合目の先発投手の平均被 wOBA、下段はファイナルステージでの 1 位チームの 1 試合目から 3 試合目の先発投手の平均被 wOBA だ。これらを比較するとほとんど差がないことがわかる。

　2 位、3 位のチームも 1 位チームと遜色のない先発 1 番手から 3 番手までの投手を有しているが、それをファーストステージで使ってしまい、再度起用できるのがファイナルステージ 3 試合目から 4 試合目以降ということのようだ。

まとめ

　これまでの分析結果からすると、1 位チームの優位性は、本来のチームの戦力差に加えて、日程の都合による先発投手の起用の違いが大きな影響を与えていると考えられる。ファイナルステージでは 1 勝のアドバンテージを抜きにしても、相当に大きなアドバンテージが生じている。

　また、今回の分析で付随的に明らかとなったことだが、一般に言われているような試合勘を失うことにより 1 位チームが不利となる傾向は見られなかった。1 位チームがファイナルステージで敗退すると、原因として指摘されることも多いが、その存在は疑わしい。

　今回の結果を踏まえると、今後の分析については留意すべき点があるように思う。

　1 点目は短期決戦といっても、ポストシーズンの試合を一緒くたに扱うことは注意を要することだ。今回の分析でも全体として CS ではレギュラーシーズ

ンよりも平均得点が低下する傾向は見られたが、ファーストステージとファイナルステージでその程度には差異があった。また、先発投手の起用により非対称性が生まれるCSファイナルステージとCSファーストステージや日本シリーズに一貫して当てはまる傾向を見出すことは難しいように思う。

　2点目はCSファイナルステージについては、細かな戦術による差異が与える影響よりも日程により生まれる非対称性の影響がずっと大きいことだ。試合順ごとに整理した結果からも、起用される投手、試合の内容を見て、双方のチームが拮抗している試合はほとんどなく、一方のチームが他方のチームに対して優位に試合を進めていることが極めて多い。今回はサンプルサイズが限定されていることから、バントや盗塁のように、従来は短期決戦で有用とされる戦術の有効性を検証することはしなかったが、CSファイナルステージについては、それらが有効かどうかはともかくとして、大きな影響を与えているとは考えづらい。

クライマックスシリーズファイナルステージの非対称性

投球障害リスクのペンタゴンと
スポーツテックへの期待

医療法人野球医学
ベースボール＆スポーツクリニック

馬見塚 尚孝
（まみづか・なおたか）

豊田 太郎
（とよた・たろう）

　投球障害の発症メカニズムを材料工学的な視点で分類すると、投球というパフォーマンスに直接関係する「投球数」、「投球強度」、「投球動作」と、パフォーマンスの前提条件である「コンディション」、「個体差」で構成され、投球障害リスクのペンタゴンとして提唱した。本稿では、この「投球障害リスクのペンタゴン」について解説するとともに、各種スポーツテックを用いたリスク因子の定量化法について紹介する。

はじめに

　野球における投球障害の発症に関わる因子として投球数が注目されて、投手交代の参考にするなど戦術に影響するとともに、試合のテレビ放送やバックスクリーンに球数が表示されるなど観戦者も興味を持つようになった。一方、外来には練習や試合での投球数抑制を十分に行っているにもかかわらず、投球障害を発症して受診する例が多々ある。

　投球障害の発症に関わるリスク因子としては、シーズンもしくは

年間投球イニング数 [1,2] など投球数障害関連因子以外にも、投球強度 [3-5]、投球動作 [7-11]、体格などの個体差 [12,13]、コンディション [1,14-17] などが報告されてきた。そこで我々は、投球障害と同様に繰り返す力学的ストレスによる材料破壊に関して多くの研究知見がある材料工学における「疲労」の考え方を応用して、投球障害のリスク要因とパフォーマンス向上を包括的に考える手法である「投球障害リスクのペンタゴン」を提唱した [18,19]。投球障害リスクのペンタゴンは、材料工学の「疲労」を参考に「投球数」、「投球強度」、「投球動作」、「個体差」、「コンディション」という5つの因子で構成され、それぞれの因子の関係性も考慮した考え方である。

　また、投球障害予防は、薬の主作用と副作用を考えるときと同じでパフォーマンス向上との関係性を考慮する必要があるため、単に投球障害予防だけを考慮した方針ではなく、パフォーマンスとの関係性を考慮していくことが必要である。

　近年、さまざまなスポーツテックや医療機器の進化により、投球障害関連因子や投球パフォーマンス関連因子の定量化が容易になってきた。本稿では、投球障害リスクのペンタゴンやそれぞれの因子の定量化法について解説するとともに、投球パフォーマンス関連因子の定量化法について紹介する。

投球障害リスクのペンタゴンとは？

　材料工学における「疲労」は、物体が力学的応力を継続的かつ長期的に、繰り返し受けるとその物体の材料としての強度が低下し、やがて破断する現象である。この現象は、ヒト皮質骨の疲労試験でもS-N曲線（Stress - Number of cycles to failure）で回数と応力の関係性を説明できることが報告されている [20]。S-N曲線は、繰り返し作用する応力と破断までの負荷の繰り返し数の関係を示した曲線であり、大きな力でストレスを与えた場合少ない回数で物体は破損し、与える力を徐々に小さくしていくと破損までに至る回数は増加し、さらに与える力を弱くすると破損しなくなる特徴を示す（図1）。

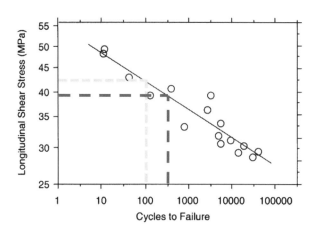

図 1　S-N 曲線

　図 1 を例に皮質骨に対する力学的ストレスと繰り返し数の関係を説明する
と[20]、約 42.5Mpa の応力の際の破断までの繰り返し数は約 100 回である
一方、約 39Mpa 程度の応力の際の破断までの繰り返し数は約 250 回であ
る。このように、骨の破断には回数と力の大きさが影響するため、疲労現象
は単純に回数だけで考えていけないことが理解できる。また、与える応力を
42.5Mpa から 39Mpa 程度まで約 10 ％落とすと、ストレスを与える回数は
100 から 250 まで 2.5 倍も増加できると考えられ、この投球強度はリスク要
因としての影響が大きい。このような力の大きさと回数の関係性は、靭帯の
疲労試験でも認められており[21]、投球障害のリスクを考慮するときは、投球
数に加えて投球強度を考える必要がある。
　投球強度を物理学的に考えると、力は大きさに加えて「作用点」と「方向」を
考慮する必要があるとされている。この作用点や方向は投球に関して言うと
" 動作の違い " と考えるのが妥当で、投球数や投球強度とともに投球動作の
違いを障害リスク因子として考慮する必要がある。
　さらに、材料工学の「疲労」では、「実験環境条件」や「物性」も疲労試験の
結果に影響することが指摘されている。実験環境条件とは、温度や湿度など
実験中の環境因子のことであり、投球障害で考えると疲労や気温などの「コ

ンディション」が妥当であると考えられる。物性は実験材料そのものの特性を示すものであるから、選手自身の成長段階が未熟で骨端線があるかないか、身長の高さなどの「個体差」と捉えることが可能である（表1）。

　この5つの要因を投球障害のリスク要因として包括的に考える方法として、「投球障害リスクのペンタゴン」を提唱した[18,32]。投球障害に関係する「投球数」、「投球強度」、「投球動作」、「コンディション」、「個体差」という5つの要因をレーダーチャートにプロットし、投球障害の予防・治療やパフォーマンス向上に活かす方法である（図2-5）。この投球障害リスクのペンタゴンは、主にパフォーマンスに関係する投球数、投球強度、投球動作と、パフォーマンス前提に関係するコンディションと個体差で構成される。

表1　工学的疲労現象と投球障害リスクのペンタゴン

材料工学	投球障害
回数	投球数
強度	投球強度や球種
方向	投球動作
実験条件	コンディション
物性	個体差

投球障害のパフォーマンスリスク要因：投球数・投球強度・投球動作

　投球数については多くの研究があり本稿では省略する。投球障害の発症に関与する投球強度に関する研究としては、球速が大きいフォーシームが球速の小さいチェンジアップに比べ肩関節内旋トルクが小さいこと[3]、投球時の主観的努力量が増大すると肩関節内旋トルクも増大すること[4]、球速の大きい投手は肩関節に加わる力学的ストレスが大きくなることが報告されており[5]、投球強度は投球障害の発症に関わる因子であることが示されている。

　一方、投球強度とパフォーマンスの関係性については、森本ら[33]は投球強度を90%におとしても球速は2.7%しか低下しないことを報告している。

すなわち、投球強度を 90％程度に抑えることで障害予防とパフォーマンスが両立できる可能性がある。

　近年、投球強度などを可視化するツールとして、ピッチングトラッキングシステムが注目されている[6]。ボール内在型のシステムをはじめ、レーダーとカメラを組み合わせた Rapsodo システム、ドップラーレーダー式トラッキングシステムの Trackman システム、複数のカメラで構成された Hawk-eye システムが利用されている。ピッチングトラッキングシステムは、投球強度への関連性の強い球速だけでなく、球質を反映すると考えられる回転数、回転の傾き、ボールの変化量などを記録・分析でき、アスリートやコーチの主観的評価だけでは見出すことができなかった投球パフォーマンスを客観的に評価することができ、投球強度を管理しながら、理想とする運動モデルの獲得を促進するできる可能性がある。

　投球動作を評価する方法としては、従来高速度カメラや赤外線を用いたモーションキャプチャーシステムが利用されてきた。この方法は精度の高い測定値を得ることができ、多くの研究に利用されてきた。一方、これらのモーションキャプチャーシステムは、測定に専門的能力が必要なことやコストが多くかかることが問題となってきた。近年、AI 技術の発展により、深層学習（Deep Learning）を用いてスマートフォンなどの画像から簡易的に関節の角度や姿勢の推定が可能となった。これらの手法はスポーツ現場で指導者やアスリート自身投球動作の可視化を容易にし、理想の運動モデルを獲得するための支援ツールとして、その価値は高いと考える。

　投球障害の発症に関与する投球動作としては、Foot contact から MER 時における体幹早期回旋[7,8]、投球側の過剰な肩関節水平外転（Hyperanguration）[9,10]、非投球肩側への過剰な体幹側方傾斜[10]、Ball release 時の過剰もしくは過小な肩関節外転角度[9]などが報告されている。Early cocking 期における前腕回内位テイクバック、Foot contact 時に非投球側の肩が開かずに踏み込み脚が投球方向に向いている投球動作は肩関節内旋トルクが少ないとされる[6]。これらの先行研究が示すように「投球動作」は投球障害発症に関わる因子であることがわかる。

　投球時に上肢関節に加わる負荷の低下を目指した上でパフォーマンスを発

揮するための「投球動作」の学習方法には様々な方法がある。当院では、投手としての経験、バイオメカニクス研究の経験、整形外科医として手術で身体の中を見てきた経験から考案した「逆フェーズ法」を用いて介入を実施している [18,19)]。逆フェーズ法は、理想とする運動モデルを分習法で学習する方法で、力学的および医学的観点からテイクバック時に肩関節外旋位・前腕回内位でテイクバックする方法を推奨している。肩関節内旋・前腕回内位でテイクバックするいわゆる Inverted W の障害リスクには議論があり、メジャーリーグ投手の肩および肘関節手術リスクと関与しないという報告 [8)]や、肘関節においては尺側側副靭帯に加わる力積が障害発症の原因の一つという報告 [22)]がある。Inverted W のような肩関節内旋テイクバックは MER へ肩関節外旋挙動する時間が長いことから肩関節内旋トルクの力積が増大しうることが考えられるため、技術力が低い年代や選手には不向きな投球動作として選手に紹介している。また、投球動作においては下半身が重要であると言われることが多いが、体幹の挙動の重要性を身体組成およびバイオメカニクス観点から再認識したい。体幹の質量は男性で 48.9%、女性が 45.7% であるとされ [23)]、各身体セグメントの中でも体幹は筋量が最も多く [23)]、体幹はエネルギー発生源 [25)]としての役割を有することが指摘されている。投球時に体幹のエネルギーを効果的に利用する方法として体幹を非投球方向に傾斜する staying back が提案されており [18,19,26)]、投球時における体幹の前額面上の挙動が注目され、理想とする運動モデルの一つとして参考にしたい投球動作である。

投球障害のパフォーマンス前提リスク要因：
コンディション、個体差

　投球障害のパフォーマンス前提リスク要因であるコンディションや個体差としては、柔軟性 [14,15)]、Scapular dyskinesis[16)]、筋力 [17)]などの身体機能や疲労 [1)]、野球以外の日常生活習慣 [26)]にあたる「コンディション」の評価・把握や、「個体差」が考えられている。これらの要因は投球障害を直接的に引き起こす「投球数」、「投球強度」、「投球動作」の前提条件であり、影響を受けた身体

69

反応の結果とも捉えられることがある。

「個体差」としては、身長や除脂肪量、既往歴や成長段階などが挙げられる。身長の年間成長率ピークは男性で 13 歳前後、女性で 11 歳前後とされるが、個体差が大きいことは臨床でも多く経験するため暦年齢を基準に障害予防やパフォーマンス向上を考えるのは不利益を被る選手が出現する。また、思春期において成長は身長の増加、除脂肪量の増加、骨密度（bone mineral content）の増加の順で生じる[28]。このため、第二次性徴のピーク時期では、骨の長軸方向の成長に対して骨密度の増加が約半年遅れるため相対的に骨が脆弱になる可能性が高い。コーチング学的にも、思春期はクラムジーと呼ばれる「急激な身長の増大や除脂肪量の増大など、身体の組成が急激に変わることで運動感覚が変化し、上手く適応できない状態」が生じることや、年間成長率ピークが早期に発生した群は野球の競技パフォーマンスが高いことも指摘され[29]、選手育成の難しい時期とされる。そこで、個体差に応じて障害予防やパフォーマンス向上を目指した育成を行うため、成長曲線や成長速度曲線を作成して生物学的年齢や成長段階を把握し、個体差＝個別性を考慮した治療やコーチングを実施することが重要であると考える。

コンディションを測定する方法としては、活動量、睡眠時間、心拍数等のデータを記録できるウェアラブルデバイスが数多く実用化されている。さらには、スポーツにおけるトレーニング効果のフィードバックやオーバートレーニングの予防、効果的なリカバリーの方法の提案が可能となる技術が注目されている。筆者がコーチングスタッフを務める大学野球チームにおいても練習中にスマートウォッチを装着して練習する者もおり、野球においてもウェアラブルデバイスによって得られた個別の生体データをトレーニングやコンディショニングに活かす取組みがはじまっている。このような手法は、個別性を考慮したパフォーマンス向上や障害予防のための有効な手段となる可能性があり、今後さらなる革新的なウェアラブルデバイスが実用化されることを期待している。

投球障害予防とパフォーマンス向上を目指した選手育成のために

　パフォーマンスの視点からみるコーチング学では、「まずは運動ありき」や「トレーニングサイクルの循環モデル」[30]という考え方で、まずは運動そのものを評価することの重要性が示されている。この考え方は、リハビリテーション学でいう動作から各機能障害を推論する「トップダウン」の臨床推論と類似している[31]。本稿で示した投球障害リスクのペンタゴンは、障害予防とパフォーマンス向上の両方を目指した選手育成のために選手を多元的に捉える上で有効な考え方であり、臨床現場や野球現場で利用されることが期待される。

投球障害リスクのペンタゴン

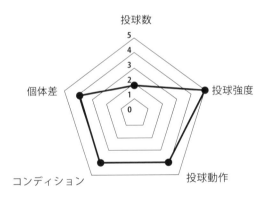

図2　材料工学的視点を考慮した投球障害リスクのペンタゴン

　各要因の総得点が高いほど投球障害発症確率が高いとすると、この図のように「投球数」は少なくてもリスクの高い「投球動作」や、疲労している場合の「コンディション」、骨端線が閉鎖していないなど未熟な状態の「個体差」、全力投球を繰り返すなどの「投球強度」のリスク要因が高い場合は、投球障害のリスクは高くなると考えられる。

71

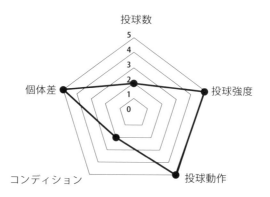

図3　成長期における投球障害リスク要因のペンタゴン

　成長期は、個体差に当たる骨端線の残存や身長と除脂肪量、骨密度のバランスが成人に比べてリスクが高い。このため他の要因である投球数や投球強度、投球動作、コンディションなどにより注意が必要である。この図では、投球強度や投球動作が高リスクと判断されるため、投球数やコンディションで調整している。

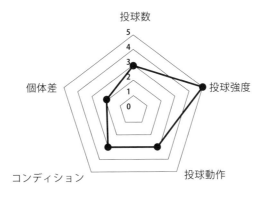

図4 試合期における投球障害リスク要因のペンタゴン

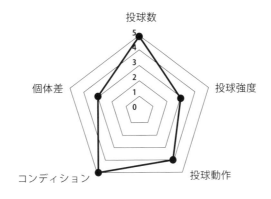

図5 練習期における投球障害リスク要因のペンタゴン

【参考文献】

1) Lyman S, Fleisig GS, Andrews JR, et al. Effect of pitch type, pitch count, and pitching mechanics on risk of elbow and shoulder pain in youth baseball pitchers. Am J Sports Med. 2002; 30: 463-468.

2) Fleisig GS, Andrews JR, Cutter GR, et al. Risk of Serious Injury for Young Baseball Pitchers A 10-Year Prospective Study. Am J Sports Med. 2011; 39: 253-257.

3) Fleisig GS, Laughlin WA, Aune KT et al. Differences among fastball, curveball, and change-up pitching biomechanics across various levels of baseball. Sports Biomech. 2016; 15: 128-138.

4) Slenker NR, Limpisvasti O, Mohr K, et al. Biomechanical comparison of the interval throwing program and baseball pitching: upper extremity loads in training and rehabilitation. Am J Sports Med. 2014; 42: 1226-32.

5) Manzi JE, Estrada JA, Dowling B, et al. Intra versus Inter-pitcher comparisons: Associations of ball velocity with throwing arm kinetics in professional baseball pitchers. J Shoulder Elbow Surg. 2021: in press.

6) 永田大貴, 南美穂子. 特集「スポーツ統計科学の新たな挑戦」ストレートに着目した空振りに影響を与える要因の定量的分析. 統計数理. 2017; 2: 185-200

7) Davis JT, Limpisvasti O, Fluhme D, et al. The effect of pitching biomechanics on the upper extremity in youth and adolescent baseball pitchers. Am J Sports Med. 2009; 37: 1484-91.

8) Douoguih WA, Dolce DL, Lincoln AE. Early Cocking phase mechanics and upper extremity surgery risk in starting professional baseball pitchers. Orthop J Sports Med. 2015; 3: 2325967115581594.

9) Takagi Y, Oi T, Tanaka H, et al. Increased horizontal shoulder abduction is associated with an increase in shoulder joint load in baseball pitching. J

Shoulder Elbow Surg. 2014; 23: 1757-1762.

10) Tanaka H, Hayashi T, Inui H, et al. Estimation of shoulder behavior from the viewpoint of minimized shoulder joint load among adolescent baseball pitchers. Am J Sports Med. 2018; 46: 3007-3013.

11) Solomito MJ, Garibay EJ, Woods JR, et al. Lateral trunk lean in pitchers affects both ball velocity and upper extremity joint moments. Am J Sports Med. 2015; 43: 1235-40.

12) Chalmers PN, Sgroi T, Riff AJ, et al. Correlates with history of injury in youth and adolescent pitchers. Arthroscopy-the Journal of Arthroscopic and Related Surgery. 2015; 31: 1349-1357.

13) Greenberg EM, Lawrence JTR, Fernandez-Fernandez A, et al. Physical and functional differences in youth baseball players with and without throwing-related pain. Orthopaedic J Sports Med. 2017; 5: 2325967117737731.

14) Shanley E, Rauh MJ, Michener LA, et al. Shoulder range of motion measures as risk factors for shoulder and elbow injuries in high school softball and baseball players. Am J Sports Med. 2011; 39: 1997-2006.

15) Camp CL, Zajac JM, Pearson DB, et al. Decreased shoulder external rotation and flexion are greater predictors of injury than internal rotation deficits: Analysis of 132 pitcher-seasons in professional baseball. Arthroscopy-the Journal of Arthroscopic and Related Surgery. 2017; 33: 1629-1636.

16) Tsuruike M, Ellenbecker TS, Hirose N. Kerlan-Jobe Orthopaedic Clinic（KJOC）score and scapular dyskinesis test in collegiate baseball players. J Shoulder Elbow Surg. 2018; 27: 1830-1836.

投球障害リスクのペンタゴンとスポーツテックへの期待

17) Cools AM, Witvrouw EE, Mahieu NN, et al. Isokinetic scapular muscle performance in overhead athletes with and without impingement symptoms. Journal of Athletic Training. 2005; 40: 104-110.

18) 馬見塚尚孝 . 投球障害と野球医学 . MB Orthopaedics. 2017; 30.

19) 馬見塚尚孝 . 新版「野球医学」の教科書 . ベースボール・マガジン社 . 2019.

20) Turner CH, Wang T, Burr DB. Shear strength and fatigue properties of human cortical bone determined from pure shear tests. Calcif Tissue Int. 2001; 69: 373-8.

21) Bani Hani D, Huangfu R, Sesek R, et al. Development and validation of a cumulative exposure shoulder risk assessment tool based on fatigue failure theory. Ergonomics. 2021; 64: 39-54.

22) Sakata J, Tamaki T, Kishino A, et al. Risk factors for throwing elbow injuries during pitching analyzed by simulation using human musculoskeletal model in youth baseball pitchers. J Shoulder Elbow Surg. 2021; 30: 1309-1315.

23) 阿江通良 , 湯海鵬 , 横井孝志 . 日本人アスリートの身体部分慣性特性の推定 . バイオメカニズム . 1992; 11: 23-33.

24) Abe T, Kearns CF, Fukunaga T. Sex differences in whole body skeletal muscle mass measured by magnetic resonance imaging and its distribution in young Japanese adults. Br J Sports Med. 2003; 37: 436-40.

25) 蔭山雅洋 , 鈴木智晴 , 藤井雅文 , ほか . 野球投手におけるマウンドと平地からの投球のバイオメカニクス的比較 : 投球速度および投球動作中の下肢および体幹の動作に着目して . 体育学研究 . 2016; 61: 517-535.

26)　桑田真澄 . 桑田真澄の常識を疑え！. 主婦の友社 . 2015.

27)　Sekiguchi T, Hagiwara Y, Yabe Y, et al. Playing video games for more than 3 hours a day is associated with shoulder and elbow pain in elite young male baseball players. J Shoulder Elbow Surg. 2018; 27: 1629-1635.

28)　Rauch F, Bailey DA, Baxter-Jones A, et al. The 'muscle-bone unit' during the pubertal growth spurt. Bone. 2004; 34: 771-5.

29)　勝亦陽一 , 設楽佳世 , 飯田悠佳子 , ほか . 中学生期におけるトップ野球選手の成熟度 . 発育発達研究 . 2017; 74: 26-33.

30)　日本コーチング学会 . コーチング学への招待 . 大修館書店 . 2017

31)　宮下浩二 . スポーツ競技種目特性に基づいた理学療法：評価から理学療法（予防，コンディショニングへの応用を含む）まで 5―野球：投球動作を中心に . 理学療法 . 2017; 34.

32)　【野球肩診療の最前線】投球肩障害　私の考える発症メカニズム　投球障害リスクのペンタゴン（解説）：安達 玄 , 馬見塚 尚孝　関節外科（0286-5394）40 巻 10 号 Page976-981（2021.10）

33)　森本 吉謙 , 伊藤 浩志 , 川村 卓 , 奈良 隆章、投球運動における高強度領域での主観的努力度の変化がボールスピードに及ぼす影響とその再現性。コーチング学研究 2014 年 27 巻 2 号 p. 195-202

二刀流から
守備位置補正を考える

蛭川 皓平
（ひるかわ・こうへい）

　MLB の 2022 年シーズン、大谷翔平と Aaron Judge の MVP レースにおいて WAR（Wins Above Replacement）の計算で用いられる守備位置補正の妥当性が議論の的となった。大谷が投手兼 DH で出場するときには DH の守備位置補正としてマイナスの補正値が与えられるが、大谷は投手として投げているのにこれはおかしいのではないかという点である。本稿ではこうした議論を契機として、WAR の定義に立ち返りつつ守備位置補正の妥当性について検討を行う。

1．二刀流と守備位置補正議論

　WAR の守備評価では UZR や DRS といった指標を用いるが、これらの指標は特定の守備位置内で比較を行う。そこで異なる守備位置同士を横断的に比較するために守備位置補正というものが適用され、捕手や遊撃手といった難易度の高い守備位置にはプラスの補正値が、一塁手や DH といった負担の少ない守備位置にはマイナスの補正値が割り当てられている[1]。

　見方によっては WAR が大谷にマイナスの補正値を与えていることが奇妙で不合理に見えるようである[2]。たしかに普通の DH とは違うように感じるし、成し遂げていることの特殊さを考えても心情的に理解できる主張であるようにも思われる。

　これに対して WAR の理論的な枠組みの構築において指導的な役割を果た

している分析家の Tom Tango は 2018 年の時点で守備位置補正は大谷に対してさえ妥当であると述べている[3]し、議論の高まりを経た 2022 年シーズン終盤にも WAR は大谷を適切に扱っていると主張している[4]。

　また MLB.com の Mike Petriello は 2022 年 9 月 に「Is WAR really capturing Ohtani's full value?」[5]と題する記事を発表し、WAR が大谷の総合的な価値を描写できているのかについて一般向けに問題を整理している。論調としてはチームが使える DH の枠を埋めているのだから野手としての計算が DH 扱いなのは自然だし、WAR が大谷のすべてを数値化できているとはいえないまでも大きな見落としがあるともいえないというものである。

　その他管見の限りにおいて、大谷に DH の補正を与えることに関してセイバーメトリクス研究者からの有力な反対論は見受けられない。

　筆者はこれらの議論を眺めて、WAR は現状で正しく大谷を評価しているという意見がおそらく結論として妥当だろうという気持ちを持ちながらも、なぜそう言い切っていいのか、その理由付けにおいて納得しきれないものを感じていた。

　というのも WAR において「投手の守備位置補正」は存在せず、投手の WAR と野手の WAR は共通の基準から横断的に算出されるものではないからそれぞれ別物であって、比較あるいは合算は（現実的におおむね妥当だとしても）原理的には不可能であるという感覚を有していたからである。これは大谷の問題に限らず、例えば MVP の議論で WAR が 6.0 の投手と 7.0 の野手を直接的に比較していいのかという問題にも通じる。

　以上の問題意識を受け、本稿では現行の守備位置補正や WAR の算出方法は正当化できるのか、その理由付けや考え方について検討を行う。本稿の目的は大谷の適切な評価方法に結論を出すことや MVP の選定方法を論じることではなく大谷の議論を通じて守備位置補正の根拠を検討することである。

2．定義に立ち返る

　WAR の論点を議論する上では定義を忘れないよう注意する。守備位置補正はあくまでも WAR の計算過程において問題となるものであり、どんな守備位置の価値が高いかやどんなプレーに価値があるかという独立した議論ではない。そして WAR の定義は、研究者によって若干の相違はあるが基本的には「最低限のコストで調達可能な代替選手と比べてどれだけチームの勝利を増やしたかを表す指標」である [6]。このような定義を採る理由は、それが選手の貢献度の表現として合理的で有用だからだと考えられる。

　守備位置補正の仕方が適切か否かはそれによって上記の定義の WAR が適切に計算できるかの観点から検討されるべきである。この定義を離れて「二刀流は歴史的な離れ業だから称賛されるべき」「投手の身体的な負担はとても大きいから数字以上の価値がある」といった指摘もそれはそれで大谷を巡る議論としてはあり得るが、それ自体がチームの勝敗に影響するものでないなら WAR の議論からは外れるものと整理することになる。

　本稿ではあくまでも WAR が何を表そうとしているかの定義を踏まえ、本来であればどのように測定されるのが理想なのかをまず考えた上で、そのような理想との対比で現実の計算方法の妥当性を検討する。

3．簡単な思考実験

　本質をわかりやすくするために、思考実験と呼ぶには大袈裟だが、一旦 MLB や NPB のことは忘れて架空の状況を想定してみたい。

　いま、野球が普及していない国の学校で野球部を創設し、運動の得意な生徒を 10 人集めて DH 有りのチームをつくることを考える。部員が不足した場合適当な生徒に声をかければすぐに代わりの部員を用意できるとする。実際に野球をやらせてみるまでは適性などはわからないため様子を見ながら適当に守備位置を割り当てる。いくつかの学校で同じことをしてリーグ戦を行う。

　さて、この思考実験において、もし時間を巻き戻すことができるなら、特

定の選手の WAR はシーズン開始前にその選手を適当な代わりの生徒に置き換えてシーズンをやり直すことにより原始的に測定できる[7]。

　例えばあるチームの投手を A 選手が務めるかたちで 1 シーズンやった後、時間を巻き戻して野球部に A 選手ではなく a 選手を入れて（それ以外の条件は全く同じ）そのチームの投手を任せてシーズンをやり直す。ここでチームの勝利数が 6 減ったら、A 選手の WAR は 6.0 であるといえる。a 選手の一例だけだと不安なようであれば b 選手、c 選手、d 選手……と代替となる生徒を変えてシーズンを繰り返してみて平均をとっても構わない。

　こうして測定された WAR は代替選手と比べてどれだけチームの勝利数を増やしたかを適切に表している。架空の世界でまさにそれを計測しているから当然である。この世界において、この測定法で得られた WAR が貢献度や価値を適切に表すという点について異論はないだろう。

　そして重要なことに、この測定は守備位置に関係なく行える。むしろ便宜的に守備位置を表して記述したが「とある守備位置の X 選手を除外して代わりの適当な生徒に置き換えてみたらチームの勝利が 4 減った」というだけの情報でも支障はない。WAR の測定においてその選手がどの守備位置だったかは認識すら不要ということになる。

　もう少し現実に近づけて、直接的に勝利数の差をとるのではなく wRAA と UZR（投手なら RSAA のような指標）を使うのでも構わないが、その場合も対象となる選手と代替選手の「wRAA+UZR」の差を計算して RPW で割れば済む話であり、守備位置補正値の加減算は必要ない（守備位置補正分は代替選手が守った場合の UZR の悪化に吸収される）。

　いわば守備位置補正は WAR の建付けにおいて本質的に必要なものではない。守備位置補正は守備指標がたまたま守備者の失点阻止を特定の守備位置の中でしか比較できないことに起因して仕方なく必要になる調整項である。はじめから守備者全体と対比してどれだけ失点を防いだかを評価する計算法が存在すればいいのだが、存在しないがために「同じ守備位置の平均と比べて」という局所的な評価に留まっている数値を本来求めたい「全体と比べて」の数値に直すために消極的に補正を行うことになる。

4．理想と現実の対比

　思考実験で考えたのはひとつの理想的な WAR である。問題は現実に算出されている WAR が、細部の測定の精度などは別として、理想の WAR と同じ趣旨になっているかどうかである。守備位置補正の適切さは「守備位置補正がなかったとした場合に不完全である WAR を理想状態の WAR に近付ける」ために機能していると評価できるかどうかによって判断されるべきだから、その対比をするために一旦理想状態を考えた。対比から何が言えるだろうか。

　まず言えるのは、少なくとも投手と DH を除く捕手から右翼手までは守備位置補正の適用を通じてほぼ理想の WAR の状態になっているだろうということである。補正値の算出方法についての細かい議論はあるとしても、これらについては同じ守備位置の中だけでの比較ではなく「守備位置を特定しない平均的な野手」という共通の基準に乗せて比較をすることを目指した計算となっており、理想の WAR の想定と合致している。

　他方で投手に関しては、現実の WAR では野手と別枠で計算されており「投手の守備位置補正」があるわけではない。捕手から右翼手までの論理で投手まで比較可能にするのであれば投手にも守備位置補正を行い他の野手と同じように計算すべきなのではないかという素朴な疑問が湧く。前述の思考実験で WAR の測定に守備位置の情報が不要だったことからすると、計算上投手だけが特別な扱いなのは自明なことではない。

　またここまでの議論だけからは、守備につかない DH に守備位置補正を与えることについて、その妥当性は一見して明らかではない。

　理想状態と現実との対比からはまさに大谷の議論に表れているように、投手の扱いと DH の扱いの根拠付けが判然としない。ここからはそれらについて検討する。

5．投手を独立して計算する意味

　現実の WAR では投手は投手の代替水準と比較され、野手は野手の代替
水準と比較される。投手と野手では代替候補となる選手の集合に交わる点が
ほぼなく異なる集合として扱われている。結果として、投手の WAR が 2.0 と
いうときには代替可能な投手に比べてチームの勝利を 2 つ増やしたという意
味に留まり、それは野手の WAR 2.0 と比べてどういう意味を持つのか直ちに
はわからない。

　捕手から右翼手までに適用されている論理に従えば、三塁手や右翼手がい
きなり投手を任されれば本職の投手に比べて圧倒的に失点数が増えることが
見込まれ、そうであれば平均的な投手は平均的な野手に比べてそれだけで
失点を「防いでいる」、だから野手に比べて高い補正値を割り振って打撃の貢
献と足し合わせるのが妥当なのではないかという見方も成り立つ。経験則的
に言って、平均的な投手が三塁を守っても試合が破綻するほど失点が増える
ことはないかもしれないが、平均的な三塁手がいきなり先発ローテーション
を任されたら悲惨な状況になることは想像に難くない。また、そうした希少性
や負担が背景にあるからこそ投手の打撃成績は野手のそれと比べて大きく劣
るものと考えられる。

　繰り返すようだが投手と野手の橋渡しが成立していないことには思考実験
での理想の WAR のようなかたちにはならないし、横断的な比較はできない。

　しかしここまで考えてみることによって、思考実験のどこがとりわけ非現実
的であったかが見えてくる。

　すなわち、上記のように「投手にも補正値を与えて横断的に比較ができるよ
うにすべきではないか」という考えの背景には、思考実験の世界における守
備位置が未分化の生徒のような「投手とも野手ともつかない、一般的な代わ
りの選手」に置き換える場合との比較が想定されている。そのような選手に置
き換えたときにたまたま投手の適性を持っている可能性は低いため、投手を
置き換えることによる損失は極めて大きいこととなる。

　しかし現実のプロ野球において投手が故障したときに「ピッチングがちゃん
とできるかもしれないしできないかもしれない、適当な代わりの選手」を二

軍から上げたりトレードで獲得したりして登板させることは想定すらされない。野手が故障したときに代わりに投手を守らせることもまずないだろう。

　となれば現実の評価においてそのような「共通の基準」を設定して比較をしようとすること自体に意味がなく、むしろそれでは選手が持つ現実的な勝敗への影響度から乖離してしまうという問題が指摘できる。防御率 3.00 の投手が故障したときに漠然とした野球選手に置き換えて登板させたら防御率 10.00 になってしまうと言ったところで「そんなことは起こり得ない」という反論が待ち受けている。最低限のコストで防御率 6.00 の投手は用意できるだろうということである。

　プロ野球選手の人口分布を前提として改めて「最低限のコストで調達可能な代替選手と比べてどれだけチームの勝利を増やしたか」という定義に立ち返ったときに、投手の比較対象となるべきなのはあくまでも投手の集合であり、防御率 3.00 の投手が故障したときに失う価値は防御率 6.00 との対比で求められることになる。

　この点は問いを裏返して「投手と野手の WAR を分けて計算した場合に WAR の実践的な活用に何か問題が生じるか」と考えても結論に接近しやすいように思う。投手の WAR 2.0 も、野手の WAR 2.0 も、代替可能な選手と比べてチームの勝利が 2 増えているという同じ意味である。実は投手の方が大変だと言ったところで現実に代替選手は用意できるのであり、WAR の定義や機能に抵触するものではない。このあたりは代替水準の投手・野手に大きな年俸の差がないという経済的な点も合わせて考えるべきところなのかもしれない。

　このように考えると、プロ野球における選手の実際的な勝敗への影響度を評価するにあたっては現行の WAR のように投手と野手で切り離された計算過程となっていても問題はなく、勝敗への影響という意味において投打の WAR を比較、合算することも問題ないといえる。ただし「比較できる」のはあくまでもこのような意味に留まり、同じ選手の集合を比較対象としてプレーの内容を比較しているわけではない点については留意が必要である。

　大谷の評価についていえば、現行の投手兼 DH ルールにおいて大谷が故障した場合には、大谷が投げたイニングは代替水準の投手が登板し、DH に

は代替水準の野手が入ることになる。冴えない二刀流の選手が両方を埋める
わけではないし、そのような状況を想定する合理性もない。WARの定義上、
「投手をやりながら打者もやるのは難易度が高い」といったように大谷が何を
成しているかに注目する視点よりも「大谷がいない場合チームの勝敗数はどう
なるか」の視点が重要ということになる。

　結果として大谷がチームにもたらした総合的な価値は、投手大谷と野手大
谷、あたかも二人の選手が存在するかのように計算したWARの合計値で評
価するので正しいことになる。これがプロ野球の実態を踏まえたWARの定
義に合致しているし、大谷を放出する場合のチームへの影響といった点から
考えても、このような定義を採ることは分析上合理的である。

　この点も逆に「二人の選手として計算して合算するやり方で二刀流大谷の評
価に不都合があるか」と考えると検証しやすい。投手としての働きと野手とし
ての働きをきちんと拾えていれば、それ以上何か大谷によってチームの勝利
数が増えているとは考えにくいだろう。

　一人二役をこなしてロースターの枠を節約することによるチームへの利得
があるのではないかとも指摘されているが、Tom Tangoはこの定量的な影響
は仮にあるとしても誤差の範囲だと推計している[8]。大谷による影響でロース
ターに入るか入らないかという選手の能力はほぼ代替水準に近いことが見
込まれるからである。仮に若干の加点を与えるとしても分析結果にさしたる影
響はない。

　なお、現に大谷のような二刀流の存在がいることもあり、以上の議論は絶
対的なものではなく「程度問題」である現実の事情を踏まえた相対的なもので
あると言わざるを得ない。野手としてはかなり特殊である捕手も投手と同じよ
うに切り離すのが妥当かという議論もあり得るし、もし現実のプロ野球におい
て投手と野手の区別が今よりもっと曖昧で流動的なものとなれば見直しが迫
られるだろう。これはむしろ投手に限らず比較対象とする代替選手の集合を
どう切り分けていくかという一般的な理論に発展すべきなのかもしれない。そ
して守備位置補正の議論は「代替可能な集合をどう捉えるか」の議論と表裏一
体であり、野手は同じ集合を比較対象としているからこそ、その中で守備位
置補正が必要なのだろう。

6．DH に補正を与える意味

　大谷を投手と野手それぞれで扱っていいのはわかったとして、次に考えたいのは DH に与えられている補正自体が適切かどうかである。そもそも DH は守ってすらいないから守備位置補正をする根拠がわかりづらく、マイナスの補正も何もないのではないかという素朴な意見も想定されるところである[9]。

　これについては従来よりいくつかの見方があり、DH については例外的に打撃のことだけを考えてそれを補正するのだというのがひとつの考え方である。たしかに DH の選手を入れ替えることを考えると、DH は守備力を度外視して起用できるのだから打力の高い打者を用意しやすく、その分打撃の傑出を割り引いて考えることで妥当な WAR が計算できそうだというのは直感に訴える議論だろう。

　現行の WAR における大谷の扱いを正当化する議論においても「大谷がDH に入らなければチームは代わりにそれなりに強力な打者を DH に入れられるのだから相応のマイナスの補正をされるのは当然だ」という論調も見られる。このような意見も代替水準との打撃面での比較を念頭に置いているように思われる。

　しかし例えば一塁手にマイナスの守備位置補正が与えられるのは「一塁手の代替水準の打力が高いから」ではなく、筆者の理解によれば、守備の価値を考えてのことである。DH だけ打力に対する補正と考えると統一的な体系として理解することができないし、そもそも打者が生み出す利得は守備位置に関係なく得点への効果がある上に平均的な打者との比較は最初から成立していて、打撃に補正を持ち込む意味が説明しづらい。DH には守備の補正としてアプローチすることはできないのだろうか。

　この点前述の思考実験を活かしてみると、あるチームから DH の選手を抜き出して新たな選手を入れたとき、新たな選手が平均的な守備力を持っていれば、その選手が守備についてチームで最も守備力の劣る選手（例えば一塁手）を DH に回すことでチームの失点を実利として減らせることがわかる。言い方を換えれば DH の選手の守備力の低さは自分が守らないことによって他の守備位置の失点として顕在化しているという捉え方である。DH の選手は「平

均的な野手」と比べたときに現実の影響としてチームの失点を増やしていると考えられる。こう考えると DH についているのが実際には守備の上手い選手であろうとそうでなかろうと関係ない。守備の下手な選手が他の守備位置で出ることを現に防いでいないからである。

　もちろん上記のような守備位置の入れ替えは実際の運用の問題であって他の守備位置の WAR を考えるときにいちいち想定されるものではなく、DH に補正を与える唯一の論拠だとはいえないしその計算の通りの補正値になるべきであるとは考えないが、DH にマイナスの補正値を与えることを正当化し納得するひとつの要素にはなるのではないかと思われる。これにより DH に対する補正も基本的には守備面での影響を捉えたものであり他の守備位置の補正と同じような趣旨のものと整理できる。

　なお Tom Tango はかねてより、DH の補正値は「守備の悪い一塁手」の評価値と等しくなるべきであると主張している。これについても、何かしら補正は必要だし、現実の描写を考えるとそのようにするのがしっくりくるというのが背景としてあるようである。Tom Tango が提唱している一塁手の守備位置補正は -12.5 で、守備の悪い一塁手の UZR が -10.0 であるとすると、DH の守備的な価値は -22.5 となる。ただし DH で出場する場合には守備に就く場合よりも打撃成績が悪化することが知られており[10]、その困難性に対する補正として +5.0 を付与し、最終的には -17.5 の補正値が与えられることとなる。思考実験のように入れ替えた場合のことを考えると打撃面での影響を度外視する理由がないため、影響が見られる以上このような補正も正当化される。

7．救援投手とレバレッジ

　守備位置補正の議論から少し脇道にそれることになるが、思考実験を活かして救援投手の扱いについても考えたい。

　WAR における救援投手の評価については、代替水準の投手との対比で防いだ失点数に加えて、登板した局面の重要性を示す「レバレッジ」を加味するかどうかについて意見が分かれる。例えば失点数を単位として考えれば防いだのは 10 点でも、接戦の終盤のような重要な局面では 1 点が勝敗に与える影響が大きいため、10 点を 1.5 倍にして評価するかどうかといった議論である。MLB では以前からレバレッジを加味するかたちで WAR が算出されているが日本の DELTA が算出する WAR では現在のところ考慮されていない。

　これまで私見としては、レバレッジはあくまでもプレーした状況の問題でありその投手の貢献度ではないという観点から、状況に中立的な評価を行う意味で救援投手の評価にレバレッジを加味するのには消極的な立場だった。

　しかし思考実験のように「代替水準の選手に入れ替えた場合に減少する勝利数」を率直に考えると、救援投手の場合そこには当然のようにレバレッジの効果が織り込まれている[11]。そうであるならば、WAR の定義に立ち返ったとき、レバレッジを加味するのが自然といえる。状況に依存した評価か否かの問題ではなく勝敗への影響度の量的な測定が適切か（計算過程に即していえば、適用する RPW が正しいか）の問題である。加味しないのであれば思考実験のように理想的に計測した WAR のリーグ総和と現実に計算したそれとが系統的に乖離する問題が生じ得るため、WAR の定義から考えると違和感が残る。

　いわば評価を失点数で考えることが WAR の趣旨からすればそもそも不適切なのであり、計算上の都合で得点を単位に分析を組み立ててしまうが故に仕方なく（不可避的に）レバレッジを加味する補正が必要になるともいえる。これは守備指標が同じ守備位置の平均と比べてしか評価値を出せないために仕方なく守備位置補正をして WAR 本来の趣旨に戻すことに似ている。レバレッジは選手評価におけるボーナスのような位置付けではなく適切な単位に戻すために必要な補正と捉えるべきなのだろう。

　登板の状況はあくまでもチームの事情によるのであってその選手が働きとして生み出したものではないという点にはやはり議論の余地はあるが、救援投手が重要な局面で起用されるのは優秀な打者がその優秀さ故に多くの打席数を与えられたり優秀な守備者が重要な守備位置を任されたりするのと同じ問題である[12]。それによって WAR の値が稼ぎやすくなることは事実だが実際にチームの勝敗に影響を与えているからまさに WAR が表そうとする実利そのものとして数値化されるのであって、評価に反映されるのはむしろ当然ともいえる。WAR は「起用の不公平さ」までも中立性の問題として排除するものではないと考えるべきである。

8．おわりに

　以上、二刀流の議論を契機として守備位置補正について検討した。

　結局、現行の計算方法の通り、投手を別枠で計算し DH での出場分には他の守備位置に比べてマイナスの補正値を与えるので問題はなく、投手の WAR と野手の WAR はそれぞれ比較・合算可能である。大谷の評価としても投手としての大谷と野手としての大谷をそれぞれ計算して合算するので適切に大谷の貢献度を表すことができる。

　これらの結論そのものは既に MLB 方面の分析家によって述べられていたが、それに対する異論もある中で、定義に立ち返った思考実験と対比することによりそれがなぜ正しいといえるのかをより詳しく議論できたと考える。それによって、投手と野手が比較できるとする結論は一応正しいとしても絶対的なものではないし「比較ができる」ということの意味にも留意が必要であること、DH の補正は守備面から正当化できることが確認できた。

　さらに思考実験を敷衍することにより救援投手の扱いについても議論を行った。こちらも結論としては MLB の算定方法の通りレバレッジを加味するのが適切だという検討結果だが、具体的にどのような係数で計算すべきかまでは検討できていないためその点は残された課題である[13]。

1) 守備位置補正の基本的な考え方や算出手法については拙稿「守備位置補正の検討」 岡田友輔他『デルタ・ベースボール・リポート 3』（水曜社 2019）において議論 を行っている。

2) 大谷に適用される守備位置補正を疑問視する意見の一例として、NHK ウェブ特集 「大谷？ジャッジ？ MVP はどちらに『WAR』の不思議な落とし穴」。 https://www3.nhk.or.jp/news/html/20221012/k10013854711000.html

3) http://tangotiger.com/index.php/site/article/ohtani-war-and-the- positional- adjustment

4) https://twitter.com/tangotiger/status/1573066123523854336

5) https://www.mlb.com/news/shohei-ohtani-mvp-race-value-by-war

6) https://www.baseball-reference.com/bullpen/Wins_Above_Replacement https://library.fangraphs.com/misc/war/

7) このような思考法は、攻撃の貢献を代替水準と比較する VORP という指標（研究史的 には WAR のプロトタイプともいえる）の開発者である Keith Woolner の 記述を 参考としている。 https://web.archive.org/web/20070928064958/http://www.stathead.com/ bbeng/woolner/vorpdescnew.htm

8) 下記の Tom Tango 及び Russel Carlton の議論を参照。 http://tangotiger.com/index.php/site/article/rounding-error-in-war-of- prima-facie-roster-flexibility-of-ohtani https://www.baseballprospectus.com/news/article/68403/baseball-therapy- the-war-over-ohtanis-value/

9) なおここでいう「マイナス」というのは DH に対する価値判断としてのペナルティや否定を意味するものではない。守備の貢献について計算の都合上一旦各守備位置の平均と比べて評価指標を出してから横断比較可能な形に調整するなら他の守備位置に比べて低い補正値が割り当てられるという技術的な議論にすぎない。例えば守備の貢献をゼロから積み上げていくような評価法であれば貢献度が割り当てられないだけで「マイナス」されることもないだろう。

10) http://tangotiger.com/index.php/site/article/statcast-three-reasons-for-positional-adjustments-reason-3

11) 言い方を換えれば得点を単位として代替水準との差異を測定し一般的な RPW で割るのでは救援投手の勝敗に対する影響度を過小評価してしまうことになる。このことをシミュレーションで確認している分析として拙稿「リリーフの本質・評価・最適配置」岡田友輔他『セイバーメトリクス・リポート 2』(水曜社 2013)。

12) http://www.insidethebook.com/ee/index.php/site/comments/are_closers_overpaid/#3

13) MLB の算定では LI(Leverage Index)という局面の重要度を表す指標をもとに、救援投手を代替した場合にいきなり代替水準の投手を重要局面で投げさせるわけではなく優秀な救援を順に繰り上げていくような連鎖(chaining)が想定されることから評価対象の投手の LI と 1.0 の平均値を使って補正が行われている

投手リプレイスメント・レベルの再検証

二階堂 智志
（にかいどう・さとし）

　WAR（Wins Above Replacement）のような総合評価を算出する場合、基準となるリプレイスメント・レベルを設定する必要があるが、この具体的な数値は定まった結論がない。過去に一度、1.02 上で先発・救援の難易度の違いを取り上げ、リプレイスメント・レベルを再計算した[1]が、その数字が本当に実態に即したものなのか、改めて検証したい。

1. 投手リプレイスメント・レベルの変遷

　セイバーメトリクスにおいて選手の貢献度を測るとき、多くの場合で相対評価が用いられるが、その際にリーグ平均を基準とすると現実的な感覚にそぐわない場合がある。リーグ成績を構成する大部分は一軍レベルの選手であり、リーグ内に存在する平均的な選手が残すであろう成績ではない。リーグ平均成績を残せる選手は容易に確保できるものではない。リーグ平均成績を 0 とすると、ほとんど試合に出ていなかった選手よりも、スタメン選手に少し劣るもののたくさん試合に出ていた選手の方が貢献度が低くなってしまう。この選手が試合に出ていなければ、もっと成績の劣る控え選手が試合に出ていた可能性が高い。平均に近い成績で試合に出続けることも、十分に評価に値するはずだ。

　そのような問題を解決するため、総合指標 WAR ではリプレイスメント・レベル（代替可能選手の水準）を評価の基準にしている。平均的な控え選手の

成績を設定しておき、それに比べて各選手がどのくらい得点を増やせたか・失点を減らせたかを評価するのだ。リプレイスメント・レベルの数字が変わると WAR の数値も変わる。リプレイスメント・レベルの値は過去にアップデートが行われているので、まずはその変遷を振り返っていく。

A. 2020 年まで採用されていたもの

先発：リーグ tRA × 1.39
救援：リーグ tRA × 1.34

これは 2020 年まで 1.02 において採用されていたものだ[2]。リーグ tRA が 4.00 だったと仮定すると、先発のリプレイスメント・レベルは 5.56、救援は 5.36 になる。冒頭で述べた通り、この数字を選手の tRA と比較した差分を元に WAR が求められる。

さて、先発のリプレイスメント・レベルの 5.56 から救援リプレイスメント・レベル 5.36 を引くと、差は約 0.20 点。一方、2014 ～ 2022 年の NPB 全体の先発・救援成績を合算すると先発の失点率は 4.13、救援の失点率は 3.85 で差は 0.27 点と比較的近い数字になった。おそらくこのリプレイスメント・レベルは、各チームを出場機会順に上位から一定人数を除外し残り選手の成績を合算することで求められたものと推測されるため、先発・救援の差が全体の先発・救援の差と同じような傾向を示したのだろう。

だが、一般に 5 イニング以上投げるのが仕事とされる先発と、1 イニングで降板する救援の難易度差が 0.2 程度なのかと言われると、はなはだ疑問である。先発投手は防御率 3 点を割ると持てはやされるものだが、そこから 0.2 を引いた防御率 2 点台後半のリリーフがそれと同等であるとは、感覚的には受け入れがたい。全体的に見て、優秀な投手は先発起用される傾向にあるため、それが難易度と相殺して実態よりも小さな差になっている可能性が高い。

無論、先発・救援の控え選手の成績のみを見てリプレイスメント・レベルを算出するのも、乱暴だが一つの手法ではある。しかし、野手の守備位置補正値は 2019 年に蛭川氏によって再計算が行われたのだが、そこでは単純に

打撃成績を比較するだけではなく、守備位置ごとの人材、難易度の差も考慮した算出方法になっている。その上で、投手の方を単純に成績を比較するだけでは一貫性がない。投手の方も同様の要素をリプレイスメント・レベルに盛り込むべきだと考えられる。

B. 2021 年から採用されているもの

A. の問題点を考慮して、2020 年に先発と救援の難易度差を考慮した新たなリプレイスメント・レベルを考案した[1]。

まず、先発と救援の難易度を定量的に分析する。手法としては、「対象年度(この時は 2015 〜 2019 年を対象にした)のシーズン成績のうち、同シーズンに先発・救援の両方で打者 30 人以上と対戦した投手成績を抽出。そこから先発・救援どちらかの対戦打者が他方の 3 倍以上あった選手は除外し、加重平均成績を求める」というものである。なお、これは野手の守備位置補正の計算方法を投手にも流用したものになる。例として、この条件に該当する選手の中から 2019 年の楽天・安樂智大の成績を取り上げる(表 1)。

表 1　安樂智大(楽天)の 2019 年成績

種別	失点率	対戦打者数	投球回	失点数	奪三振	四球
先発	6.33	91	21.1	15	9	1
救援	5.73	46	11	7	10	0

この年の安樂は先発として 21.1 回を投げ 15 失点(失点率 6.33)、救援として 11 回を投げ 7 失点(失点率 5.73)だった。先発時の対戦打席数は 91、救援時の対戦打席数は 46。このうち少ない方の 46 打席に合わせるため、先発の各成績を 46 ÷ 91 の 0.51 倍する(表 2)。

表2　安樂智大（楽天）の2019年成績（調整）

種別	失点率	対戦打者数	投球回	失点数	奪三振	四球
先発	6.33	46	10.2	8	5	1
救援	5.73	46	11	7	10	0

　同様の処理をすべての選手に繰り返してから合算[3]すると、出場機会が少ない選手は全体のうちの比率が小さいままに先発・救援成績が均等に加算されていくため、平均的な投手が先発・救援の両方をこなした場合の成績差をいくつかのバイアスを無視した状態で比較することができる。こうして求められた2015〜2019の先発・救援の合算成績のtRAを比較すると、先発時tRAの方が救援時よりも約0.92点差高くなるという計算結果が求められた。

　tRAにして約0.92点という難易度差、これだけではリプレイスメント・レベルとして扱えないので、今度はリプレイスメント・レベルの基準になる式を求めたい。以前使用されていたA.の式から、控え先発投手が先発登板したときの成績はリーグtRA×1.39、控え救援投手が救援したときの成績は1.34であることがわかっている。そのため、次の式のように先発・救援の投球回シェア率で加重平均すれば、控え投手全体が記録するであろう合計成績を仮定することができる。

控え投手全体の投手成績 =
（リーグtRA×1.39）×先発の投球回割合＋（リーグtRA×1.34）×救援の投球回割合

　また、救援時のtRA＋0.92が先発登板時の成績に相当することがわかっているので、上の式の救援側の成績に0.92を足すと、「控え先発投手・控え救援投手が先発起用されたときに記録されるであろうtRA」が求められる。

控え投手全体の先発時成績 =
（リーグtRA×1.39）×先発投球回割合＋（リーグtRA×1.34＋0.92）×救援投球回割合

　あとは、この頃の先発・救援の投球回割合がそれぞれ 62% と 38% であったため、この式に代入して変形すると、以下のようになる。

控え投手全体の先発時成績 = リーグ tRA × 1.37 + 0.35

　これをそのまま先発のリプレイスメント・レベルとして扱うことができる。また、先発 tRA から 0.92 を引くと救援成績相当になるので、この式を− 0.92 すると救援のリプレイスメント・レベルになる。

先発：リーグ tRA × 1.37 + 0.35
救援：リーグ tRA × 1.37 − 0.57

　以上が 2020 年に求められたリプレイスメント・レベルであり、2021 年以降の 1.02 の WAR 算出の計算式に採用されている。表 3 で示す通り、2020年までのリプレイスメント・レベルに比べて、2021 年からのものは先発・救援で大きな差がついていることがわかる。

表 3　リーグ tRA を 4.00 とした場合のリプレイスメント・レベル

種別	2020 年まで	2021 年以降
先発リプレイスメント・レベル	5.56	5.83
救援リプレイスメント・レベル	5.36	4.91

※リーグ tRA4.00 とした場合

2．投手リプレイスメント・レベルの再計算

　前章では既存リプレイスメント・レベルの変遷を振り返ったが、本題はここからだ。リプレイスメント・レベルは一定のものではなく、時代の変化で大幅に変動が起きていても不思議ではない。また、A. と B. を計算した時期にずれがあり、A. の式に B. の値を組み込んで変形というやり方は、そもそもが歪

である。そこで、今回は改めて計算を行いたい。

C. 投手のリプレイスメント・レベルを単純計算する

　まず前章 A. と同様に、現在の投手のリプレイスメントレベルの成績を抽出する。具体的な方法としては、2014 〜 2022 年シーズンのうち、各チームの先発・救援投手の投球イニング数上位 6 人ずつを除外し、残った選手を控え先発・控え救援と定義。その控え選手の成績を合算したリプレイスメント・レベルの tRA を、リーグ全体の tRA と比較する（表 4）。

表 4　先発と救援のリプレイスメント・レベルから
求められた全体のリプレイスメント・レベル（2014 〜 2022）

種別	tRA リーグ比
先発	1.23
救援	1.13

　A. で使用されていたリプレイスメント・レベルは先発 1.39、救援 1.34 であったのに対し、今回計算した結果では 1.23 と 1.13 で明らかに倍率が低くなっている（＝レベルが高くなっている）。旧来の先発リプレイスメント・レベルの 1.39 倍は、tRA に換算すると 5.56 だが、今回の計算結果の 1.23 倍では 4.92 にしかならない（リーグ tRA を 4.00 とした場合）。これを元に WAR の再計算を行うと、全体的な投手 WAR は現在よりも大きく下がることになる。

　A. の数字とこれほど大きな差がついたのはなぜだろうか。もしも控え選手のレベルがここ何年かのうちで急激に変化したのであれば、リプレイスメント・レベルのアップデートは頻繁に行う必要性が生まれてくる。そこで今度は、期間を 2014 〜 2016 年、2017 〜 2019 年、2020 〜 2022 年の 3 年ずつに分け、それぞれのリプレイスメント・レベルを算出した（表 5）。

表5　先発・救援のリプレイスメント・レベル推移

種別	tRA リーグ比 (2014 ～ 2016)	tRA リーグ比 (2017 ～ 2019)	tRA リーグ比 (2020 ～ 2022)
先発	1.25	1.21	1.23
救援	1.17	1.11	1.11

　近年の方がリプレイスメント・レベルが若干上がっているものの、この数年で大きく様変わりしたわけではなく先程の 1.39、1.34 には遠く及ばない数字である。これらの数字は 1.02 にて WAR が公開された 2014 年あたりに設定された数字だと思われるが、時代ごとの変動がゆるやかであったリプレイスメント・レベルが、なぜこうも近年とかけ離れた数字に設定されているのか。1.39 倍、1.34 倍は何を元に算出されたものなのだろうか。

　ここまではリプレイスメント・レベルの tRA を算出してきたが、これは WAR の計算には tRA を用いているためだ。では tRA 以外のスタッツはどのようになっているのか。以下にその数字を示す（表 6）。なお、前述した通り 1.02 での WAR の算出は 2014 年から始まっていることから、2014 年からの 3 年間の数字で計算した。

表6　リプレイスメント・レベルの tRA・FIP・失点率（2014 ～ 2016）

種別	tRA リーグ比	FIP リーグ比	失点率リーグ比	A. の式の倍率
先発	1.25	1.20	1.38	1.39
救援	1.17	1.12	1.31	1.34

　左から順にリプレイスメント・レベルの tRA、FIP、失点率のリーグ平均に対する比。一番右は、2020 年まで 1.02 にて採用されていたリプレイスメント・レベルだ。tRA と FIP は同じような倍率であるのに対して、失点率はそれらよりはるかに高く、しかも A. に近い数字になっている。このことから、A. のリプレイスメント・レベルは失点率（または防御率）をベースに求められていた可能性が高いと判断できる[4]。

1.02 にてリプレイスメント・レベルを用いて WAR を算出する際、使用するのは失点率ではなく tRA である。そのため、B. では先発・救援の難易度差を tRA で求め、A. の計算式に組み込んだ。よって、現在のリプレイスメント・レベルの計算式は、tRA ベースと失点率ベースの評価が混じった、ちぐはぐなものであるといえる。

以上より、今までの 1.39 と 1.34 ではなく、表 4 の通り 1.23 と 1.13 を全体のリプレイスメント・レベルとして用いる方がより正しい手法であると考えられる。

D. 先発・救援の難易度差を定量的に求め、C. 式に組み込む

続いて、先発と救援の難易度差を計算したい。方法は基本的に前回と同じものになる。即ち、「2014 ～ 2022 のシーズン成績のうち、同シーズンに先発・救援の両方で打者 30 人以上と対戦した投手成績を抽出。そこから先発・救援どちらかの対戦打者が他方の 3 倍以上あった選手は除外し、加重平均成績を求める」というものである。この結果、表 7 の結果が得られた。

表 7　加重成績で求められた先発・救援の成績差（2014 ～ 2022 年）

種別	tRA	FIP	失点率
先発	4.85	4.79	5.27
救援	4.00	4.08	4.00
差分	0.85	0.70	1.27

投手が先発と救援で登板すると、平均的に見て tRA は 0.85 点差がつくことがわかった。前回、2015 ～ 2019 年の成績で計算したときは 0.92 点差であったため、わずかに差が縮んだようだ。

あとは、先発・救援の難易度差 0.85 と、C. で求められた倍率 1.23、1.13 とを組み合わせ、先発・救援のリプレイスメント・レベルを求める。まず、基準となる「控え投手全体が先発起用された際に記録しうる tRA」を計算する。C. より、リーグ tRA × 1.23 が控え先発投手が先発登板したときの成績であることがすでにわかっている。そして、先発と救援の難易度差は tRA にして

0.85 であるため、救援リプレイスメント・レベルのリーグ tRA × 1.13 に 0.85 を加えた数字が控え救援投手が先発したときの成績であると仮定する。あとはこの 2 つを先発・救援のシェア率で加重平均を計算すると、控え投手全体の先発成績が求められることになる。この期間内の先発・救援の投球回割合はそれぞれ 64% と 36% であるため、

控え投手全体の先発時成績 =
（リーグ tRA × 1.23）× 0.64 ＋（リーグ tRA × 1.13 ＋ 0.85）× 0.36

とすることができ、変形すると

控え投手全体の先発時成績 = リーグ tRA × 1.19 ＋ 0.30

になった。これはそのまま先発のリプレイスメント・レベルとして扱うことができる。更に、求められた式から難易度差の 0.85 を引くと、救援リプレイスメント・レベルの計算式になるので、以下のように表せる。

先発：リーグ tRA × 1.19 ＋ 0.30
救援：リーグ tRA × 1.19 － 0.55

もしもリーグ tRA が 4.00 だったとした場合、リプレイスメントの tRA は表 8 のようになる。

表 8　時期ごとのリプレイスメント・レベル tRA 比較

種別	2020 年まで	2021 年以降	本稿で求められたもの
先発リプレイスメント・レベル	5.56	5.83	5.06
救援リプレイスメント・レベル	5.36	4.91	4.21

※リーグ tRA4.00 とした場合

3．リプレイスメント・レベル変更による WAR の変化

2. で求めたリプレイスメント・レベルを使い、2022 年度のチーム WAR を再計算する（表 9）。

表 9　2022 年の 12 球団 WAR 比較

球団	変更前			変更後		
	先発 WAR	救援 WAR	合計 WAR	先発 WAR	救援 WAR	合計 WAR
阪神	21.7	9.1	30.8	14.1	5.7	19.9
オリックス	22.1	5.7	27.8	14.8	2.5	17.3
中日	16.1	5.8	21.9	8.8	2.3	11.0
ソフトバンク	14.5	6.3	20.8	7.6	2.7	10.3
DeNA	15.8	5.1	20.9	8.9	1.2	10.1
西武	14.5	5.7	20.2	7.5	2.2	9.8
日本ハム	16.4	3.5	19.9	9.4	0.1	9.5
読売	16.3	3.9	20.3	9.4	0.1	9.5
ロッテ	16.2	3.7	19.9	9.2	0.2	9.4
ヤクルト	12.2	7.6	19.7	5.3	3.5	8.8
楽天	12.0	6.1	18.2	5.1	2.6	7.7
広島	13.2	4.5	17.7	5.8	1.0	6.8
合計	190.9	67.1	258.0	105.9	24.1	130.0

※リーグ tRA4.00 とした場合

表 9 の左側は 1.02 で公開されている現行の WAR、右側は再計算後の WAR である。合計 WAR を見ると、変更以前と比較して全球団 10 程度マイナスされた。また、以前の 12 球団の投手合計 WAR は 258.0 と、野手合計の 185.2 を大きく上回る数字だったのだが、変更後の投手合計 WAR は 130.0 になり、野手のものよりもかなり低くなった。

　余談だが、1.02 での野手・投手の WAR 比率は以前は 42：58 であったが、

今回の変更を取り入れると 59：41 になる。著名なセイバーメトリクス研究者であるトム・タンゴはたびたび WAR の配分を野手 6 割弱・投手 4 割強と提唱しており、変更後はこれに近い値になった。

1)　https://1point02.jp/op/gnav/column/bs/column.aspx?cid=53639

2)　ちなみに、表では簡略化のために小数点は四捨五入しているが、計算時はすべて小数点のまま計算を行った。

3)　セイバーメトリクス・リポート 2 総合評価指数（WAR）の考え方と算出方法（岡田友輔・蛭川皓平）より

4)　なお、tRA や FIP より失点率の方がリプレイスメント・レベルの倍率が高くなる傾向にあるのは、選手起用に際した判断には失点率や防御率が優先されるためだと思われる。即ち、一軍に定着していない投手のうち誰を起用するか考える時、tRA が 5.00 だが失点率は 2.00 の投手 A と tRA が 2.00 だが失点率は 5.00 の投手 B では、投手 A のほうが優先されやすい。このような生存バイアスが働き、失点率の差が極端になりやすい

5)　http://www.insidethebook.com/ee/index.php/site/comments/fwar_v_rwar,
http://www.insidethebook.com/ee/index.php/site/article/how_to_calculate_war/

得点に至る順序と
走塁の価値について

神原 謙悟
（かんばら・けんご）

～はじめに～　野球の現場で聞くセイバーメトリクスの不合理性の話

　長らく、日本の野球界において、米国やほかの国に比べ打撃に求められる結果の整理が米国を追従するかのような状況であった。2010年代後半、フライボール革命という言葉が日本でも使われ、打撃に求められる要素も整理されてきた。守備や走塁という部分に関してはミスのないプレー、隙を見せないプレーという訓練は長らく指導されてきたように見受けられる。

　一方で、2010年代初頭に和田照茂氏が提唱し、主に日本のアマチュア球界で広まってきている奪進塁という打者の力以上（またそれ以下）に走塁できたかが体系化されており、それに基づいた練習ドリルを提供するなど、セイバーメトリクスとは異なるものの、コーチング現場としては導入しやすいコンセプトになっており、一方でセイバーメトリクスとして否定できるのか肯定できるのかすら表に出てこない、もどかしい状況が続いている。走塁を起点に野球を評価するという根源的なテーマは見過ごせない問題提起であり、これこそ統計的に取り組むテーマの一つであるのではないかと考える。

　ここでセイバーメトリクスに戻りたい。セイバーメトリクスの計算方式は打者と投手の影響を先に計算し、その残余を守備と走塁で当てはめるような手順となっている。

　よく抱かれるセイバーメトリクスへの不信感とは、「ワンプレーで流れが変わる」「盗塁の評価が低いと言われても必要だ」「走塁が軽視されている」などだ。例えばこのような論議を、セイバーメトリクス並びにアナリストの考え

と監督コーチ選手の声の間では水掛け論となることが多い。

　この水掛け論を解消するには、果たしてセイバーメトリクスは得点が入る野球の原則にどこまで正しいプレー順序に基づいているのかを見極める必要がある。野球のプレー手順通りに解析していった場合どのような計算の変更が起きるのかを本題に入る事前準備として確かめたい。

得点から逆算した時のプレー順序

　一般的に

①投手が投げて

↓

②打者が打つ

↓

③打者走者が打球に従って進塁する。守備者は打球をより多くアウトにで
　きるところに守り、走者がダイヤモンドを一周すると得点が入る。

　基本的な野球の計算はこのようなプロセスを元としているが、これが本質的に野球の得点原理を説明するプロセスなのかというと色々と不都合が出てくるはずである。もちろん投手がどのような球を投げるのか、打者がどのような打球を打てるのか、ここに得点への貢献度として"差が出やすい"部分であることは疑いない。そこで順序を改めて確認してみたい。

①（走者がリードを取る）

↓

②投手が投球・（牽制）

↓

③（走者が走る・リードをさらに大きくとる）

↓

④打者がコンタクトする・打者がコンタクトしない

↓

⑤インプレー時に走者へ対応する・（非インプレー時、走者の動きのみに対する守備側の対応）

　得点とはこの手順の先で走者が4つの塁を踏む行為である。そのためにインプレー時は走者が進塁する時間を生み出すために打球を遠くへ飛ばすことを良しとし、進塁できるか否かの判断する。繰り返しになるが、その打球の質や打撃の質を下げるための投球の質が大きな勝敗要素となることは承知している。ただ得点の原理は4つのベースを回って踏むことである。今回はこの視点からデータのあり方を検証していく。

得点期待値が示す各塁走者の価値

　走者においても得点価値を推定するため、基準として打者走者、一塁〜3塁走者が単体で純粋にどれほどの得点期待値を有するのかを算出することから開始する。今回は NPB2019 年のデータを使用し検証結果を述べる。

各走者の得点価値

打者走者 :0.31

一塁走者 :0.20

二塁走者 :0.30

三塁走者 :0.41

【算出方法】

　まずこちらの表 1 は 2019 年 NPB の得点期待値になる。

表 1　NPB の得点期待値 (2019)

アウト・塁状況	走者無	一塁	二塁	三塁	一二塁	一三塁	二三塁	満塁
0 アウト	.477	.835	1.079	1.372	1.419	1.637	1.844	2.132
1 アウト	.255	.508	.690	1.007	.907	1.093	1.364	1.540
2 アウト	.101	.234	.338	.383	.425	.507	.611	.795
0-2 アウト	.313	.520	.601	.677	.776	.869	1.061	1.237

この中でアウトがいくつかというのは純粋な走者の価値を算出するうえでは除外するので、縦軸のすべてのアウト状況の数値は考慮しない。続いて横軸の状況における8個の状況から抽出したい走者のみの得点価値を集計する。

純粋な一塁走者の得点価値を集計したい場合

①走者一塁から走者無(打者走者分)を差し引く(走者一塁の一塁走者の得点価値)

↓

②走者一二塁から走者二塁(打者走者と二塁走者分)を差し引く(一二塁時の一塁走者の得点価値)

↓

③走者一三塁から走者三塁(打者走者と三塁走者分)を差し引く(一三塁時の一塁走者の得点価値)

↓

④走者満塁から走者二三塁(打者走者と二塁＆三塁走者分)を差し引く(満塁時の一塁走者の得点価値)まで行う。

表2　各状況ごとの走者の単体価値

走者種別 塁・状況	走者無	一塁	二塁	三塁	一二塁	一三塁	二三塁	満塁
打者走者	0.31	×	×	×	×	×	×	×
一塁走者	×	0.21	×	×	0.18	0.19	×	0.18
二塁走者	×	×	0.29	×	0.26	×	0.38	0.37
三塁走者	×	×	×	0.36	×	0.35	0.46	0.46

このように一塁走者がいるすべての状況と状況の機会数から一塁走者の価値を求めることで一塁走者が0.18という得点価値を有していることがわかる。同様に二塁走者、三塁走者も行うことで各走者の得点価値を求めることができる。

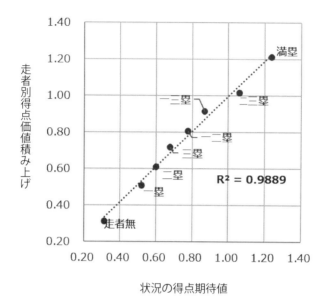

妥当性の検証1

図1 状況ごとの得点期待値と単体走者の和

　2019年の満塁時全体の得点期待値は表1にあるように 1.237 であるが、独立した打者走者(0.313)、一塁走者(0.195)、二塁走者(0.298)、三塁走者(0.406)を足すと 1.212 と差は小さい。最も両者の差が大きい一三塁時全体の得点期待値は .869、独立した打者走者(0.313)、一塁走者(0.195)、三塁走者(0.406)を足すと .915。それ以外は全く異なる集計方法であるにもかかわらず図1にあるように限りなく近い値となる。

妥当性の検証 2

　もう一つの検証はダイヤモンドの移動時間（距離）からの検証である。打者走者 :0.31 を除き、一塁走者 :0.20、二塁走者 :0.30、三塁走者 :0.41 とほぼ等間隔に価値が上昇している。これは各塁が等距離であることを表しているともいえる。

　走者の得点価値が標準化されれば走者がどこにいるのかの価値、また個別の走塁の価値を表すこともでき可能性が広がる。

今後も考える必要なこと

　上述の検証から、打者走者の中で打球と走塁の分解も検討可能になるのではないかと考える。概ね一塁から本塁までは 1 つの進塁で 0.1 強の上昇である。打者走者が一塁に到達する時間が最も長いことから、それ以上、およそ 1.1 〜 1.3 程度が打者走者の走塁部分にあたると考えられる。そして残りは長打の発現に則すものと考えられる。

　しかし、打球と走塁を分解するシンプルな解法は現在も捜索中である。もちろん 1 プレイ 1 プレイを追っていけばもっと解明できることはある。例えば一塁から二塁が 3.6 秒、一塁駆け抜けを 4.1 秒、二塁打を 7.5 秒などといった目安を持ったとき、打球は打者に必要な時間を支配することができる。それが打球部分というのは想像できる。しかしトラッキングでもストップウォッチでもなく記録の中に打球と走塁を分解する何かが隠れているか、もしくは完全にないという答えを探求することは今後の野球の分析において非常に重要なミッションであると考えている。

　改めて、このように得点期待値から分解した走者とアウトから状況を算出すると、概ねアウトカウントと走者を分解してもそれが得点期待値の一定の信頼性を有するものであることがわかる。走者が各塁にいるということが得点期待値を構成していることも証明できる。

　一方で、アウト×走者状況で構成される得点期待値と単一な走者の得点価値の差分は何なのかも大切であり、例えば一三塁という状況が打者走者・一塁・三塁走者単体の和より得点期待値が大きくなるのは一三塁という状況に走者が存在すること以上の得点価値があるということがわかる。

おわりに

　最後に走塁という観点で野球を整理する。三振とは走塁をさせずにアウトを取ることであり、本塁打とは走者の移動に要する制限時間を設けずにダイヤモンドを一周する権利であり、野球のすべての行為の始まりと目的は走塁において4つの塁を回ることであり防ぐことである。算出の起点が何であるかを整理されないと常に打撃と走塁は干渉しあう。

　これまでのセイバーメトリクスの計算は打撃から入り投手は投球から入る。実際は投手が投げる前に走者はリードを取り、打った瞬間から打者は走って進塁するのである。

　目的はどちらか。野球のゲーム構造からすると打球によって走者の制限時間は変わるので、制限時間を延ばすために遠くに打球飛ばしているのだ思っている。冒頭で申し上げたように個人差が出やすいのは打撃の部分であるのは疑いない。しかし、個人差が出やすいことと、野球の得失点原則に則した計算順序は異なる。

　得点価値の算出の視点が走者から始まり、その差分として打者と投手を評価するアプローチは、今まで以上に野球のデータが統合的に解釈されてくるものと考えている。なぜ2020年代にもなってこのことを改める必要があるのかというと、ホークアイ技術でわかる情報の物差しが要求されるからでもある。今、既存のセイバーメトリクスの指標を会得してもフィールドトラッキング時代でのKPI設定とはうまく接続しないと予測できる。

　日本の野球環境をみると、幼少期からバウンドの大きい軟式野球が長らく普及していたことや、守備や走塁の精度に対する完璧性の追求など、結果的に諸外国よりも「走塁の時間遊び」と向き合う練習が多い野球環境だったようにも思える。

　誤解を恐れなければセイバーメトリクスは個人差が出やすい部分にフォーカスし勝敗との相関を示したものであり、走塁の時間遊びを体感して野球の順序を肌で感じていた日本の野球環境では違和感として感じやすいのかもし

れない。

　そしてここの不一致性は、昨今の技術を見定める上で見過ごせない感覚と
なりつつある昨今がとても面白い状況と言える。

捕手のリードは
利得を創り出せるのか？

捕手の "ブラック労働" が業績を伸ばすとは限らない

道作
（どうさく）

サインに応じて投げるボールの
プレースメントは変わっていないこと

　とある大所帯の高校野球の名門校での話。部員は 120 名を数え、18 名のベンチ入りメンバーは全部員中 15％の狭き門となっている。このチームの選手 A は有望株であり、担当になったコーチは「A がベンチ入りメンバーに入る」と予想した。このコーチはかなりの慧眼であり、80％の確率で目の前の選手がベンチ入りできるか否かを当てられるそうだ。この数字に誤りがないものとしたとき、選手 A がベンチ入りできる確率はどの程度だろうか。

　のっけから妙な問いで恐縮だが、単純なはずの課題にノイズが入るだけで面倒を起こす好例のつもりである。さらに極端かつ身近な例では近年流行のウィルスに対する検査の例が挙げられる[1]。で、算数的には結局この選手 A は 41.4％の確率でベンチ入りするという答えが出るわけなのだが、感覚的には聞いてすぐ納得できる類の話ではないだろう。コーチの的中率が 80％であっても、すべての条件下でその数字がそのまま具体化するわけではない。

　このような、常に大きなノイズと隣り合わせになったプレーとして捕手のリードが挙げられる。昨今はデータ解析が昔日の比ではないほどに発達してきた。投手の投球についてはトラックマンの導入などもあり、1 球ごとの詳細な記録が入手可能となったことにより、過去の言説の多くに疑問が呈せられることとなった。例えば投手のコントロールなどはかつて言われていたよりもはるか

に難しいものであり、実際のプレーにおいては捕手の起案を完全に実演できる投手はほぼいないことが明らかになっている。かつての野球マンガなどでは投手はボール一つ分の出し入れで打者を抑えたりしていたものだが、そのような表現が見られなくなるのも寂しいものだがやむをえない。

　今回は DELTA の 2022 年度の 1 球データをもとに、捕手の構え位置と投手の投球の着弾点がどの程度ズレているのか計測してみた。計測可能な投球は全部で 249,872 球であった。このうち構え位置と着弾点がストライクゾーンの幅の 1/3 を超えて離れていた投球が 174,598 球。約 7 割がホームベースの幅の 1/3 以上、ボール 2 個分以上捕手の指示とはズレていることになる。

　以前から投球については多くのアナリストが解析を試みてきたが、上記のような状況は変わっておらず、バッテリーの意図した通りに打者を攻めることはできないようである。野球漫画や昔の言説にあるように、「数球続く筋書きのあるシークエンスで」「ボール 1 個ズラすようなコントロール」「ストライクからボール 1 個外してボール球に」は実演された事実というよりファン向けに" 盛った " 物語に近いだろう。

　見る側がどのボールについてのリードを評価するにしても、そこを狙って投げた投球ではない可能性の方が高いわけで、結果の 1 球をもってリードを評価しても見当違いになっている場合は多そうだ。そのことがリードの評価を難しくしている。

算定する前の簡単な定義

　捕手のリードについては、従来から様々なかたちで定量化の試みがなされてきた。cERA（捕手防御率）など、様々な指標が提案されたことはあるが、決定的な例はまだない。cERA や FIP、被 wOBA といったところで、結局は投手がどれだけ打たれたかの結果でしかない。打たれた打撃結果のうちどこまでが投手の能力によるものなのか、このルートでは直接的に判別する手段はないのだ。捕手の側の努力の成果が直接的に結果として表れるわけではないからである。

　また、リードという言葉もいささか国内では大雑把に使われすぎているようでもある。放送のコメントなどをうかがえば特に注釈のない場合、ほぼすべての情報は配球に偏っているようである。巷間の野球談議においてもその傾向は変わらない。もちろん実際のプレーではそのようなことはなく、捕手の投手及び守備陣に対する働きかけは多岐にわたる。MLBに関する独立系サイトの言葉を借りるならば「投手を快適な状態に置き良好なパフォーマンスを続けさせるマネジメント能力」にはじまり「コミュニケーション能力」「リーダーシップ」「試合のテンポを人為的に操作する能力」など多数の項目が配球の起案力以外に求められている（最後のものはこちら風に言うなら「間を取る能力」ということになるのだろうが、この表現は日本語の方が優れていると思う）。いずれにしても配球以外の要素は配球に劣らず重要である。

　そしてリードを「捕手が投手からよりより良いパフォーマンスを引き出すための間接的な働きかけ」と定義するならば、上記の様々な条件は「リード全般」と一つにくくれることになる。配球その他に細分化するのではなく、リード全般として大まかにくくる理由は、これが捕手の無形の努力をすべて合算したものになるからである。いきなり配球による利得の数字などは求められるものではない。むしろ相手の打撃結果からリード関連の項目ではないスタッツを減じて残ったものが、リード全般の数値として捕手の努力の成果とみなす総体である。「そのもの自体」をいきなり抽出することが困難な場合、「それ以外」を削除するところから入るのは基本である。被wOBAからフレーミングを減じたものは投手の力とリードの合算ということになる。ただ、その場合でもやはり投手の能力に左右される数字になるため、ここから投手の能力が均等になるような条件をつくれればそれをリードの数値化とすることができるだろう[2]。

実際に各捕手を算定してみる

　まずレギュラー捕手を 12 人抜き出す。各球団に DELTA の規定守備イニングをクリアしている捕手がいたので当該捕手をレギュラーとした。今後、レギュラーを A 捕手、レギュラーでない捕手の集合（各球団に複数いる）を B 捕手と称する。そして、50 イニング以上を投げ、A 捕手が受けているときも B 捕手以外が受けているときも、それぞれ 50 人以上の打者と対戦している投手を抜き出した。このとき A 捕手側の被 wOBA と、B 捕手側の被 wOBA を比較すれば、双方の捕手のリード能力を表すことになる。

　考え方の基礎はパークファクターの算出と同じことである。もちろん、十分なサンプル数は得られないだろうし、数字のブレは大きいだろう。相性もあり、投手の投げやすさの問題もあり、そう都合よく十分なサンプルを得られない可能性は大きい。しかし、このような組み合わせを数多く集めることにより、「リード全般」と呼ばれる働きかけの全般的な特徴や性質を抽出することができるかもしれない。場合によっては A 捕手個々のリードの効能まで計測できる場合もあり得るだろう。

　A 捕手の一例として 2022 年に埼玉西武でプレーした森友哉（現オリックス）を挙げる。当該年の西武投手陣で上記条件に該当したのは高橋光成、隅田知一郎、與座海人、エンス、今井達也、平良海馬、平井克典、本田圭佑、増田達至、松本航、水上由伸の 11 人だった。この 11 人の被打撃結果を森が受けているときとそれ以外に分け、結果を抜き出す。さらに 11 人の投手が打者と対戦した打席数を、すべて同じになるように調整する。これをしないと結局のところ多く投げた投手の被打撃成績が結果を左右してしまうからである（大投手と多く組んだ捕手など）。必要なのは投手の能力ではなく、それぞれの投手に与えた捕手の影響なのだ。

　その結果、この 11 人は森と組んだ場合に打率 .237、出塁率 .305、長打率 .347、そして wOBA が .301 の評価値となった。これに対して森以外と組んだ場合はそれぞれ .224、.300、.327、.290 との評価値となっており柘植世那・古賀悠斗・牧野翔矢ら B 捕手側の方が wOBA にして 0.011 ほど優れている。森が 2022 年にボールを受けたすべての投手に対してこのリード能

力を発揮していたとすると、20.39 点ほど失点を増やしてしまったという評価
になる。

　さて、ここまで読んで気づかれた方も多いと思うが、あくまでこの評価は A
捕手と、A 捕手の所属するチームの控え捕手の優劣を求めるものであり、他
チームまたはリーグ全体との比較に直接適用することはできない。ただし、
同様の評価を全チームに対して行い、「A 捕手と B 捕手の間のリード能力差
異一般」を抽出して全体像を俯瞰することはできる。リプレイスメント・レベ
ル一般の打撃成績とレギュラークラス一般の打撃成績との相違のようなもの
だ。以下は過去 5 年間に 500 イニングを超えて守った捕手の一覧である。

表1　過去5年間に500イニングを超えて守った捕手（被wOBA比率）

氏名	2018	2019	2020	2021	2022
會澤 翼	0.912	0.787	1.043		1.061
梅野 隆太郎	0.901	1.032	0.964	1.125	0.975
田村 龍弘	1.105	1.062	1.066		
中村 悠平	0.983	0.979		1.000	0.971
炭谷 銀仁朗					1.017
大城 卓三			1.138	0.994	1.023
森 友哉	1.204	0.875	1.181	1.101	1.071
小林 誠司	0.923	1.043			
若月 健矢	1.081	0.927	1.152		
甲斐 拓也	1.170	1.169	1.130	1.062	1.114
戸柱 恭孝			1.062		
加藤 匠馬		1.003			
伊藤 光		0.946			
嶺井 博希	1.005				1.018
松川 虎生					1.114
伏見 虎威				1.010	0.964
清水 優心	0.937	1.139		0.992	
佐藤 都志也					0.897
木下 拓哉			1.030	0.995	0.868
太田 光				1.079	
宇佐見 真吾					0.938
松井 雅人	0.929				
嶋 基宏	1.070				

捕手のリードは利得を創り出せるのか？

表 2　過去 5 年間に 500 イニングを超えて守った捕手（増減評価）

氏名	2018	2019	2020	2021	2022	TOTAL
會澤 翼	27.70	78.87	-8.93		-17.22	80.42
梅野 隆太郎	41.76	-14.06	10.71	-52.49	7.57	-6.52
田村 龍弘	-48.83	-18.89	-15.87			-83.60
中村 悠平	6.77	8.23		0.07	7.59	22.67
炭谷 銀仁朗					-4.83	-4.83
大城 卓三			-33.43	1.85	-8.11	-39.69
森 友哉	-54.25	55.47	-56.98	-40.74	-20.39	-116.88
小林 誠司	24.42	-10.13				14.29
若月 健矢	-27.12	28.49	-31.38			-30.01
甲斐 拓也	-62.56	-74.87	-44.99	-28.89	-47.92	-259.24
戸柱 恭孝			-16.37			-16.37
加藤 匠馬		-0.84				-0.84
伊藤 光		14.85				14.85
嶺井 博希	-1.13				-4.72	-5.85
松川 虎生					-25.30	-25.30
伏見 虎威				-2.53	8.15	5.62
清水 優心	14.90	-32.93		2.04		-15.98
佐藤 都志也					23.51	23.51
木下 拓哉			-7.60	1.67	53.54	47.61
太田 光				-23.61		-23.61
宇佐見 真吾					14.67	14.67
松井 雅人	17.78					17.78
嶋 基宏	-25.72					-25.72

　表1が被wOBA比率で、表2が失点の増減評価となっている。この表を例にとるとB捕手に対して、名前の出ているA捕手がどの程度の被wOBAを喫したかを表示している。2018年の會沢翼（広島）は、控え捕手に対してwOBAを0.912倍に抑え込み、失点を27.7点分減らしたという評価になる。

　チーム内の比較に限られることや、相対する投手との相性の部分もあり、これをそのままリード力の評価とするわけにはいかない。サンプル数の問題もある。感覚的な投げやすさなどの関係から特定の捕手にしか投げない投手もいる。どの球団でも複数の捕手に対してある程度の数を投げる投手が十分に存在するわけではない。数字の偏りをおそれずすべての数字をそのまま書き出してみたが、明らかにサンプル数が不足する例やひどい外れ値を含んでしまったと判断した例などは網掛けとした。福岡ソフトバンクは甲斐拓也以外の出番が少なく、出番の偏りもあってすべての年度に網掛けがついてしまった。非常に悪い数値が出てしまっているが、偏りまたはバグの可能性を排除できない。

　しかし表1において、5年間で記録されたのべ20人の対象投手から見て15人が値で1を上回っている（控え捕手のリードの方がよく抑えている）のは重く受け止めてほしいところだ。甲斐については過去数年間、DELTAのアナリストによってフレーミングの数字が振るわないことが発表されているが、このこととは無関係ではないだろう。wOBAの数字は打者にとって捕手のフレーミングの影響を受けた後での数字である。途中経過のボールカウントで有利なカウントになるか、見逃し三振になるか、四球が発生するか。被wOBAはこれらを包含したものである。蛇足になるが、このことから捕手評価としてフレーミングと被wOBAを合算することはダブルカウントとなる。

　数字の傾向としては、同じ選手でもプラスとマイナスが入り混じっており、年ごとに入れ替わるような傾向が見られ、数字のブレが想起される。何年も続けてプラスを計上できたのは東京ヤクルトの中村悠平に限られており（ただし数字は小さい）、再現性を求めにくい状態になっている。事は対人関係の能力である。足が速いとか肩が強い等とは違う。数字のブレばかりではなく、多数と何年も良好な関係を継続するのが意外と難しいのは一般社会でも普通に見られることである。

一般的なリードの損益全体像

　さて、この網掛けであるが、大きな数字のうちかなりの組み合わせはサンプル数等の条件が悪く数字のブレの可能性があることから、その対象となってしまった。ただし、大きな数字を計上したシーズンのうち森は3年間（2018年、2019年、2022年）の数字についてバグが大きいとは言えず、良い年も悪い年も数字が大きくなる傾向があると言えそうだ。

　そして全体的な数値の「A捕手一般のリード力とB捕手一般の差異」の傾向を図るため、5年分の数字をすべて合算してみることとした。過去5年間にリードによりレギュラー捕手が控え捕手よりどれだけ多くの失点を阻止したのかの数字である。バグの可能性ありとして網掛けにした数字もすべて算入してある。恣意的に数字を選別するよりもすべての数字を対象とした方がノイズの影響力をより排除できると考えた。

　結果、過去5年間のトータルでA捕手の数字は1.017となった。レギュラー捕手の方がリードにより1.7％ほど多くの失点を招いていたことになる。詳細に見れば2020年を除く4年間はほぼ誤差の範囲となっている。これに対し2020年のA捕手は1.068を記録した。他の年からはかけ離れた数字で、リードのまずさゆえにレギュラー捕手が控え捕手に対して6.8％多くの失点を招いたとは考えにくい。2020年といえば誰も経験したことのないスクランブルの中で経過したシーズンである。開幕の時点で明らかに全員が準備不足で開始しなければならない事情はあった。全員と連携を確立しなければならない捕手と、特定の投手との連携に偏りがちな捕手の間に準備作業への取り組みやすさの違いなどもあり、デフォルメされた結果につながった可能性はある。2020年を除く4年間での失点の増減評価はA捕手側の1.009であり、1年間の失点の差にして5点を下回る。まず誤差の範囲と言っていいだろう。そしてこの数字は対象を増やすほど1に近づいていくのが特徴的だ。

　「レギュラー捕手一般」を起用することと「それ以外」の相違は誤差レベルのものに過ぎない。もちろん最初に述べたようにこれはあくまでチーム内の捕手の間の差を積み重ねたものであり、他チーム捕手との比較に直結するものではない。

　しかし同一投手が複数捕手に投げた350通りを超える例が積み上げられている。また、移籍した捕手もいて、年度によって異なるチームのA捕手またはB捕手を務めている例がある。時折メンバー構成がシャッフルされる中、様々な組み合わせを包含してAとBは被wOBAが1対1を示している。

　少なくとも継続してプロの捕手としてプレーしている選手の間では、リードにより特別な利得を得ることは難しいことのようである。また、Web上の記事に目を向けても、プロの捕手同士の間でリードにより具体的な、または明らかな差が生まれることを示唆する研究は拝見したことがない。

　しかし、である。この結論をどこまでも延長してしまうとサインを出しているのが素人であったとしても結果は同じということになってしまうが、さすがにそれはあるまい。どこかで投手のパフォーマンスを減殺してしまうことが明らかになるボーダーがあるはずである。

理想的なケース

　興味深い組み合わせとして、千葉ロッテの2人の捕手について挙げたい。佐藤都志也と松川虎生の両捕手である。2022シーズン、2人は出場機会を分け合い、ほぼ同等の捕手守備イニングを確保した。ともに捕手としての出場が500イニングを超えてDELTAの規定守備イニングに到達している。佐藤は東洋大出身の3年目で、松川は市立和歌山高を卒業したばかりの1年目である。リードの成果を比較するのに理想的な出場機会のほぼ折半。加えて片側は高校卒業直後と、かなり極端かつレアな起用となっている。極端な条件は結果に跳ね返りやすく、その意味でも理想的な組み合わせである。

　組む投手は松川から見て、ほぼ全員が「はじめまして」の状態から始まる。年代は散らばり年長の先輩も多い。高校を出たばかりの18歳が開幕あるいはその直後の時期に全員の特徴を把握したうえでコミュニケーションをとり、快適な状態で投げてもらうように働きかけるなど現実に可能なのか。確かに技術的な面は外部からうかがい知る術もないが、人間関係など内面の話なら一般的な社会とそう変わりないはずだ。1、2か月で職場の同僚のことをそ

こまで深く理解し、人間関係を築くことをそこまで期待していいのか？　その結果は表1の数値に織り込まれている。

　また、数多くの投手を抱える大学野球ならまだしも、実戦投入される投手はせいぜい2人か3人程度の高校野球では受ける球種も知れたものなのではないか。あまり馴染んでいないどころかほぼ受けたことのない球種であっても、持ち球がそれなら相方の投手は投げるしかない。この条件では名捕手の素養を十分に持った選手でも捕球の段階でかなり苦労するのではないか。

表3　走者の進塁を防ぐ能力（暴投阻止・捕逸阻止能力）

氏名	2020	2021	2022	TOTAL	得点評価
會澤 翼	0.03		4.18	4.21	1.68
梅野 隆太郎	-7.46	-0.77	5.84	-2.39	-0.96
田村 龍弘	-7.22			-7.22	-2.89
中村 悠平		5.97	4.49	10.46	4.18
炭谷 銀仁朗			-3.80	-3.80	-1.52
大城 卓三	4.91	5.90	3.40	14.21	5.68
清水 優心		-0.98		-0.98	-0.39
森 友哉	-10.56	-17.64	-4.86	-33.05	-13.22
若月 健矢	13.33			13.33	5.33
甲斐 拓也	15.56	6.95	7.16	29.67	11.87
戸柱 恭孝	-3.70			-3.70	-1.48
嶺井 博希			-5.34	-5.34	-2.13
松川 虎生			**-8.55**	**-8.55**	**-3.42**
伏見 虎威		3.91	5.46	9.37	3.75
清水 優心		-0.11		-0.11	-0.04
佐藤 都志也			**-0.34**	**-0.34**	**-0.13**
木下 拓哉	-1.80	5.88	-0.35	3.73	1.49
太田 光		2.10		2.10	0.84
宇佐見 真吾			-0.64	-0.64	-0.26

プラスは暴投等を減らし利得をもたらした評価。得点化は1球0.4点とした。こちらは表1、2とは違って一定の傾向が見られる。

　こちらは表3である。ワンバウンドを投手が投げそこなったもの（または捕球に困難を伴うもの）としてこれのうち暴投が記録される割合に捕逸の割合を加えた数字を、走者進塁を防ぐ能力としてみた。一塁手のスクープ（バウンドした送球の捕球）評価と同じ考え方のものである。なお、同じワンバウンドでもベースの上を通過したボールなのか否かで別カテゴリにして比較している。

こちらは表 1 、 2 とは違い、年度を超えた一定の傾向が見られる。能力が反映されやすいスタッツだ。

　結果は割と明白なかたちで出ている。表 1 では新人の松川に比べ佐藤は 0.897 倍の失点しか許していないという評価である。確かにサンプル数の問題等があり、堅い結果であるとまでは言えないが、諸般の事情が反映された可能性が高いと見る。これは佐々木朗希と組んだ時のスタッツも含まれている。完全試合を含む 17 イニングに及ぶ走者を許さない投球の相手は松川であった。意外かもしれないが、そのような超絶好調時の記録を含んでもなお、佐々木と組んだ際に被 wOBA が低かったのは佐藤の方であった。やはり初対面直後の 1 年では的確なリードを実演するまでには至らないのであろう。

　表 3 の暴投阻止・捕逸阻止能力についても同様の結果が出た。佐藤がリーグ平均に対して年間 0.13 個多いだけといういたって標準的な能力を示したのに対して、松川は 3.42 個の過剰という結果に終わった。553 イニングと、チームの守備イニングの半数を下回る出場ながら、私の評価方法では暴投・捕逸の発生はリーグ最多の評価となった。やはり初見に近いところから共同作業が始まることが対応を難しているようにも映る。なお、松川はフレーミングにおいては標準レベルの数値、それもわずかだがリーグ平均を上回る結果を残した。元選手のレポートなどで高く評価されていた松川のキャッチングだが、不本意な項目があるにしても、初年度からのこのフレーミングは、持っているポテンシャルの片鱗を見せたと考えられる。ちなみにフレーミングと暴投阻止はここまで述べた方法によるリード能力と異なり異なるチームの選手同士を横に比較できるスタッツである。算出された数字はどちらがどれだけ実績を上げたかの目安とできる。

　なお、これらのことは千葉ロッテの編成や首脳陣は理解しているはずであり、リーグ戦の途中経過でも数字の趨勢はつかんでいたと考えられるが、多少の損失は承知で育成に舵を切っている様子である。高卒 1 年目の選手に対するここまで踏み込んだ球団の決断が将来どのような形に収れんするのかは非常に興味深い。

蛇足ながら「投げやすい捕手」とは？

　一般的に投手が投げやすいと感じるのはどのような捕手かという点と、自分にとって投げやすいのは誰か（どのような捕手か）という２つの視点がある。どちらも昔から言われていることで、時代や洋の東西を問わず考え方は存在しているが、この項では後者について述べる。

　捕手に対する投手の嗜好は全く気にしない人と、割とはっきり好みが出る例とがある。MLBでも、レギュラー捕手を差し置いて必ずティム・マッカーバーと組んでいたスティーブ・カールトンのように、どの時代にも極端な人はいる。日本でも、前項の例なら佐々木朗希と松川、佐藤がそれに近い起用のされ方をしている。ただし、特に意識して捕手を選んだ結果が、そうでない場合よりも良い結果になっているかはわからない。

　他の例として中日の柳裕也を見てみよう。2021年は柳のすべての投球を木下拓哉が受けていた。そもそも木下の出場機会が多いのでそのようなバイアスはかかるが、柳の方でも選んでいる様子があった。2022年は打者のべ543人を木下が、そして91人の打者を他の捕手が受けた。

　前年一度たりとも組んでいなかったバッテリーなので、本人には木下以外とは相性は良くないという実感があったのかもしれないが、組んでみた結果は「木下以外」の方が良好な結果が出た。意外なことに同様の例は多く、あえて選んで多く組んだとみられるのに結果が伴わないのは珍しいことではない。

　ただし、投手側の慣れの問題は実際に別のかたちとなって表れる例もあるようで、頻度が多く具体的な例としては、ワンバウンドの投球数にそれを見ることができる。このようなボールはバウンドするのを覚悟した低めへの変化球である可能性もあり、すべてが投げそこないであるわけではない。しかし、部分として一定数の投げそこないを含む集合であり、間接的にではあるが失投を含む投球数を反映している。

　2022シーズンは全投球におけるワンバウンド比率がレギュラー捕手時の5.9％に対しそれ以外の捕手時が6.3％と0.4％の差が見られた。0.4％というのはそこまで大きな数字に映らないかもしれないが、ワンバウンド全体で６％程度なので、15球につき１球ほどの違いにはなる。さらにその前まで

確認すると、確認可能な4年前まではすべてレギュラー捕手に対するワンバウンドの方が少なかった。

馴染んだ捕手に対する投げやすさの「影」程度の影響は見られるが、投げやすさが被打撃成績の向上と必ずしもセットになっていない様子がある。捕手を選べる立場になったとしても投手側から捕手を選択することは意外と難しいものなのかもしれない。

ここまでを整理・推察すると

①要求したとおりに投手の球は来るわけではない。

②プロの捕手として生き残っている者同士の間では、リードにより大きな利得を導きだすことは難しそうである。

③ただし、初見で同様の結果を出せるようなものではなく、「同格」を維持するには相当な困難が予想される。

④リードを成立させるには多大な労力が必要で膨大な記憶容量の活用など通常の選手とは異なる鍛錬が要求される。

捕手の負担は年々増し続けている。そのことは生存競争にも影響をもたらし、ポジション選択の結果や負担の重さにより、以前にもまして打撃が全般的に振るわない状況になっている。次に投じる球種に責任を有し、相手打者の特徴や対策を抽出した上で記憶し……などと職責をどこまでも増やして行けば他ポジションにはない負担になったとしても当然である。半端ではない労力が費やされているはずだ。このことが、「リードによる効能の差が大きい」とする印象に繋がった可能性はある。大きな労力が費やされているとき、それは確かに重要なことなのかもしれない。昔からの社会的コンセンサスからすれば、必ずそこに大きな見返りがありそうに感じる。しかし、その業務の負荷が大きいこととその業務で差がつきやすいか否かは別のことなのだ。

　現場においては打者を打ち取る筋書きを立ててはみても逆球などでリセットされるケースが多そうだ。極端な場合は毎球変わる状況の中で、捕手は泥縄に近い起案を強いられ、実際のところは最悪を避けるための作業を継続しているのが実情なのではなかろうか。

　①〜④の条件を並べ、これらが自分の職場で起きている事柄だと考えると違和感を持たれる方は多くないだろうか。ある課題のために極めて大きな負荷が現場にかかっており、その課題をクリアしても同業他社に対してアドバンテージは得られない。そこで費やされているのはむしろマイナスを招かないための大きな労力である。だが、放置すれば不利益を被るのが避けられないとなれば、そこに労力を費やさざるを得ない。

　実業であればここは真っ先に AI の導入を検討すべき案件ではなのかもしれない。特に配球に対してのことである。ただし配球以外の、現場で生身の人間が取り組まねばならないコミュニケーションは代替不可能なものとして残るだろう。

　今回導き出した数字が絶対のものだとは思っていない。確かに数値のブレ等、当然あるべきノイズは解析の側にもある。しかし、定量化の試みの結果、ここに致命的な差異を生み出す要素はない可能性の方が大きいと考えられる。この程度の利得しか生み出せないことにこれほどの負荷を強いてよいのだろうか。

　仮に自分の会社に置き換えたとして、チームの利益と捕手という個人の過負荷が見合うものになっていない可能性に思い至らないだろうか。問題は、人材確保に悪影響が出るほど捕手に負荷を与えておきながら、そのもととなる捕手のリードと呼ばれる業務について、大きな相違があり得ることを客観的に導き出した例をメディアであれ個人であれ明確にできていないということ。大きな負荷を個人に追わせながら得られるべき利得について確かな根拠を示し得ないのというのでは負け組と呼ばれる企業で行われていること、そのものである。

　マクロ視点で有効な人材活用を図ろうとしたとき、優秀な人的資源に自ら好ましいポジションを志向してもらおうとするならば、"入り口"から忌避されるようなポジションはできるだけつくるべきではないだろう。捕手の負荷を減

じるような、新しい「捕手に対するマネジメント」が既に必要になっていると考える。

　今シーズンは多くの出番が確保されそうな移籍組が複数発生しそうな雲行きである。今般使用した捕手のリード能力を求める方法に、新しく有力な情報を加えてくれそうだ。

1）　高校野球の話は 80% の慧眼だったはずがコーチの能力は変わらないのになぜか、結果だけが半分の確度になっている。

0.15 × 0.8…① ÷ (0.15 × 0.8…① ＋ 0.85 × 0.2…②) = 0.12 ÷ 0.29 ≒ 41.4%
①＝ベンチ入りする選手を正しくベンチ入りすると予想したケース（80% の確率）
②＝ベンチ入りしない選手を誤ってベンチ入りすると予想したケース
（20% の確率）

とある伝染病の話だと、現在 1000 人に 1 人が罹患するという蔓延状態とする。ここで、感度 97%・特異度 97% という検査が開発されたとする。罹患した人の 97% を陽性と判定し、罹患していない健康な人の 97% を陰性と判定する極めて優秀な検査だが、この検査であなたの結果が陽性と出てしまった。数字に誤りがないものとして、あなたがこの病気にかかっている確率はどの程度だろうか。

これ、上と同じ式で 3.1% という常識外の結果になるのだが、現実にはあり得ないレベルの精度 97% の神検査であったにもかかわらず、1 人の感染者を捕捉するのに 30 人以上の架空の感染者を生み出してしまう。一時の NY であまりにも、あまりにも異常な感染爆発が起きていた。まさか、いくら何でもまずないとは思うが、まさかこれに対処していなかったということはなかったと思いたい。

2）　被 wOBA、cERA などは相方の投手の能力やパークファクターなどに影響されるため特にチームをまたいでの比較は難しい。2022 シーズンの被 wOBA を見ると、セ・リーグの上位（打たれていない方）から順に梅野隆太郎（阪神）・木下拓哉（中

日）・嶺井博希（DeNA）、パ・リーグは伏見寅威（オリックス）・甲斐拓也（ソフト
バンク）・宇佐見真吾（日本ハム）となっているが、「実際に各捕手を算定してみる」
の表1や表2とはかなり傾向の違ったものになっている。

捕手のリードは利得を創り出せるのか？

129

球質以外の視点も含めた
ストレートの分析

並木 晃史
（なみき・あきふみ）

　ストレートについて従来は球速が、近年ではトラッキングデータの登場により変化量に注目が集まっている。変化量の登場により、これまでブラックボックスだった「伸びるストレート」や「シュート回転するストレート」も具体的に把握できるようになった。ただ投球の要素はそれだけではない。エクステンション（球持ちの長さ）やアームアングル（腕の角度）はどのような影響を与えるのだろうか。あらためて整理してみたい。

1．MLB の平均的なストレートとは

　表 1-1 は MLB2017-2022 の平均的なストレートだ。

表 1-1　MLB（2017-2022）　フォーシーム

球速（km/h）	縦変化（cm）	横変化（cm）	アームアングル（deg）
150.4	41.0	-19.0	48.6

　球速は投球の初速を意味する。変化量は重力による自由落下と比較して、どれだけボールが動いたかを表す指標だ。縦変化 41.0cm とは、重力のみが働いた場合と比較して上方向にボールが 41.0cm 動いたことを意味する。横変化 -19.0cm は重力のみが働いた場合と比較してアームサイド（投手の腕側）に 19.0cm 動いたことを意味する。「ストレート」と言われるが、実際のス

トレートは重力に逆らい上方向に動き、またほとんどがシュート方向に変化している。

　アームアングルは投手の腕の角度だ。アームアングルの算出には Logan Mottley の投手の身長、リリースの縦位置、リリースの横位置から推計する方法を使用している [1]。

2. 各要素の影響を測る

　球速やボールの変化量、アームアングルなどがストレートにどんな影響を与えるかを整理する。各要素の影響を可能な限り純粋に測るために、検証する要素以外の値は平均値に近い値（表 2-1 参照）で固定して指標を算出する。

表 2-1　MLB に平均に近い値

球速(km/h)	縦変化(cm)	横変化(cm)	アームアングル(deg)
148 ~ 152	33.5 ~ 48.5	-11.5 ~ -26.5	40 ~ 55

　これは検証する要素以外の要素の影響を極力含まないようにするためだ。例えば球速が速いグループと遅いグループに分けて指標を比較しようとしたとする。もし仮に速いストレートが有効だった場合、速いストレートを投げられるグループには他の要素では劣っている選手がグループに混ざり球速の影響だけを測れない可能性がある。球速が速いグループの選手は他の要素で劣っていても球速が他を補ってメジャーリーグでプレーできる機会を与えるからだ（反対に遅いグループは他の要素で優れた選手が多く混ざる可能性がある）。

　球速の影響を純粋に測りたい場合、他のすべての条件は同じであることが好ましい。そのため、他の条件は極力同じにする必要がある。

表 2-2　算出する指標一覧

指標	説明
RV/100	100球あたりの得点価値。低いほど投手優位
Whiff%	空振り / スイング
GB%	ゴロ / 打球
PU%	ポップフライ / 打球
打球速度	打球速度(km/h)
xwOBAcon	打球の速度と角度から推定した失点リスク

　分析に使う指標は表 2-2 とする。使用データは Baseball Savant で公開されている 2017-2022 の Statcast データとする [2]。

（1）球速

表 2-3　球速グループごとの成績

球速帯 (km/h)	RV/100	Whiff%	GB%	PU%	打球速度 (km/h)	xwOBAcon
138-143	1.29	15.9	28.6	8.0	136.2	.467
143-148	0.54	16.6	30.2	10.1	135.8	.409
148-153	0.36	20.2	32.7	9.5	135.0	.396
153-158	-0.24	23.8	35.8	8.2	134.8	.391
158-163	-0.96	27.8	38.5	8.6	134.1	.358

　球速は失点抑止の面で重要な要素だ。速度が上がれば上がるほど RV/100（100球あたりの得点価値）が低下し、Whiff%（空振り / スイング）と GB%（ゴロ率）が上がり、xwOBAcon（打球の価値）が低下する。MLB 平均（150km/h）より 5 キロ遅いグループ（143-148）と 5 キロ速いグループ（153-158）で比較すると、RV/100 は 0.54 → -0.28 と 0.8 点近い差がつく。非打球結果でいえば Whiff% は 16.6% → 23.8% と 7 % 近く空振りを奪える。打球結果では GB% は 30.2% → 35.8% と 5 % 近く上昇し、xwOBAcon は .409 → .391 と 18 ポイント低下する。球速は上がるほど、空振りを増やせ、ゴロを増やして

打球の価値を低くでき、結果として失点抑止に繋がりやすい。

（2）変化量

表 2-4　横変化グループ

グループ	横変化
Cut	平均横変化よりボール 1 個分（7.5cm）以上グラブサイド
Standard	平均横変化よりボール 1 個分（7.5cm）以内
Arm	平均横変化よりボール 1 個分（7.5cm）以上アームサイド

表 2-5　縦変化グループ

グループ	縦変化
Rise	平均縦変化よりボール 1 個分（7.5cm）以上沈まない
Standard	平均縦変化よりボール 1 個分（7.5cm）以内
Drop	平均横変化よりボール 1 個分（7.5cm）以上沈む

　各変化グループの基準は MLB 全体の平均変化量より 7.5cm 上回るか下回るかを基につくった。例えば縦変化で言えば平均（41.0cm）よりボール 1 個分以上沈まない球（48.5cm 以上）なら Rise と定義され、ボール 1 個分以上沈む球（33.5cm 以下）は Drop と定義される。横変化も同様で平均（アームサイドへ 19cm）よりアームサイドにボール 1 個分動く球（アームサイドに 26.5cm 以上）を Arm、アームサイドへの動きが平均よりボール 1 個分少ない（アームサイドへの変化が 11.5cm より小さい）場合は Cut としている。

表2-6　変化グループ別成績

横変化	縦変化	RV/100	Whiff%	GB%	PU%	打球速度 (km/h)	xwOBAcon
Cut	Rise	-0.67	25.4	27.7	15.3	130.8	.355
Standard	Rise	-0.71	26.0	23.3	13.7	132.2	.394
Arm	Rise	-0.37	23.9	25.2	13.8	132.6	.398
Cut	Standard	-0.16	21.4	35.8	9.4	132.7	.370
Standard	Standard	0.36	19.9	32.4	9.5	135.0	.396
Arm	Standard	0.19	18.7	33.2	8.9	135.3	.410
Cut	Drop	0.35	16.8	49.4	5.8	134.0	.361
Standard	Drop	1.25	13.2	48.7	4.8	138.1	.388
Arm	Drop	1.88	12.3	46.8	5.0	139.0	.428

　同じ横変化でも縦変化量が増える(ライズする)ほど、失点しにくい傾向にある。横変化 Standard のストレートで比較した場合、縦変化が小さい Drop の RV/100 は 1.25 だが、縦変化が大きい Rise の値は -0.71。100 球あたり2点もの差が生まれている。要因として考えられるのは Whiff% の増加だ。Drop は 13.2%に対し、Rise は 26.0%、13%近く空振りしやすくなっている。

　沈むストレートはゴロを打たせやすく、打球の失点リスクが低いと言われることもある。ただ、xwOBAcon を横変化が Standard のストレートで比較した場合、Rise が .394 に対し Drop は .388 と大きな差はついていない。ゴロ率を見ると確かに Drop は 48.7%、Rise は 23.3% と Drop はゴロを打たせやすい。ただ、より安全な打球であるポップフライの率を比較すると Rise が 13.7% に対し Drop は 4.8% と Rise のが多い。ポップフライとゴロ率で打球の失点リスクが相殺したとみられる。

　横変化については同じ縦変化でも Cut グループの失点リスクが低い傾向にある。縦変化が Standard のグループの RV/100 を見てみると Cut が -0.16、Standard が 0.36、Arm が 0.19 と、同じ縦変化でも Cut 系の速球は唯一、0を下回っている。xwOBAcon を比較すると Cut が .370、Standard が .396、Arm が .410 となっていて、アームサイドへの変化が小さいほど打球の価値

が低くなりやすいようだ。

　基本的に Rise するボールが投手優位な結果になりやすいことがわかったが、これはフライボール革命に代表される MLB でフライボールを打ち上げる選手が増えたことによって起きた現象という可能性もある。ゴロ打者にも Rise するボールは有効か、フライ打者はゴロ打者より Rise するボールに弱いのかについても検証する。

　各年で 100 打球以上を記録した打者を対象に 2017-2022 の MLB の平均フライ率(ここでのフライの基準は打球角度 25 度以上の打球)である 32.3% 以上を記録した打者をフライ打者、それ以下を非フライ打者と定義して指標を算出する。変化量についてはサンプルの確保のため変化グループを横に分けず縦変化のみに分割する。

球質以外の視点も含めたストレートの分析

表 2-7　フライ打者

縦変化	RV/100	Whiff%	GB%	PU%	打球速度(km/h)	xwOBAcon
Rise	-0.63	26.2	19.5	17.4	133.0	.378
Standard	0.57	20.2	27.6	11.1	135.2	.404
Drop	1.55	14.5	40.2	6.3	137.3	.425

表 2-8　非フライ打者

縦変化	RV/100	Whiff%	GB%	PU%	打球速度(km/h)	xwOBAcon
Rise	-0.29	22.7	27.8	11.3	131.7	.403
Standard	0.32	18.0	37.2	7.7	134.9	.398
Drop	1.07	13.3	54.7	4.0	137.5	.365

　非フライ系打者に対してライズする速球は有効だ。RV/100 は Drop が 1.07 に対し Rise は -0.29 と Rise の方が低い。ライズする速球は非フライ打者に対しても効果的なようだ。

　フライ打者は非フライ打者より Rise 系速球以外では高い RV/100 を記録している。(Standard では非フライ打者が 0.32 に対しフライ打者が 0.57 と 0.22 点高く、Drop では 1.07 と 1.55 で 0.48 点高い)ただ Rise 系速球につ

Delta Baseball Report 6

いては非フライ打者が -0.29 に対しフライ打者が -0.63 とフライ打者の方が
RV/100 が 0.34 点低い値となっている。フライ打者の方がよりライズするボー
ルに弱いと言えそうだ。内訳を見ると xwOBAcon（打球の価値）で差がつい
ている。非フライ打者の場合は速球がライズするほど .365 → .398 → .403
と打球の価値が高くなるが、フライ打者の場合は逆にライズするほ
ど .425 → .404 → .378 と打球の価値が低くなる。

表 2-9　フライ打者

縦変化	GB%	LD%	FB%	PU%
Rise	19.5	20.8	42.3	17.4
Standard	27.6	25.1	36.2	11.1
Drop	40.2	28.8	24.7	6.3

表 2-10　非フライ打者

縦変化	GB%	LD%	FB%	PU%
Rise	27.8	28.5	32.4	11.3
Standard	37.2	28.5	26.6	7.7
Drop	54.7	25.9	15.4	4.0

　フライ打者と非フライ打者で打球価値に差が出るのはラインドライブ
（ライナー）の割合(LD%)が関係していると推測される。フライ打者の
場合は、速球がライズするほど価値の高い打球であるラインドライブの
割合が 28.8% → 25.1% → 20.8% と減少していく。ゴロ系打者の場合は
25.9% → 28.5% → 28.5% と沈む速球でないほうがラインドライブの割合が
高い。

3．アームアングル

アームアングルはリリース位置と肩の高さから求めた腕の角度のことだ。値が大きいほど、いわゆる「腕が下がる」状態になる。ここでは 40 度未満を Overhand、40-55 度を High 3/4、55-70 度を Low 3/4、70-90 度を Sidearm とラベル付けし、ラベル付けしたものを Arm Slot と呼ぶことにする。

表 3-1　アームスロット別成績

Arm Slot	定義 (deg)	RV/100	Whiff%	GB%	PU%	打球速度 (km/h)	xwOBAcon
Overhand	40 以下	0.79	17.6	32.8	8.6	135.7	.416
High 3/4	40-55	0.36	19.9	32.4	9.5	135.0	.396
Low 3/4	55-70	0.09	22.1	30.2	9.9	134.1	.398
Sidearm	70-90	-0.74	26.7	26.2	13.2	132.6	.393

アームアングルは値が高いほど（腕が下がるほど）RV/100 が投手優位になる結果となっている。他の条件が同じなら Overhand は 0.79 に対し Sidearm は -0.74、1.5 点近い差がついている。内訳を見ると Overhand → Sidearm で、Whiff%（空振り率）は 9 ％近く増え（17.6% → 26.7%）、GB%（ゴロ割合）が 6 ％程度減る（32.8% → 26.2%）。腕を下げて投げるほど同じ変化量のボールを投げた場合に、打者がボールの下を振りやすい可能性がある。

表 3-2　Overhan

縦変化	割合 (%)	RV/100	Whiff%
Rise	25.5	-0.62	25.1
Standard	67.8	0.48	19.0
Drop	6.7	1.33	14.0

表 3-3　High 3/4

縦変化	割合 (%)	RV/100	Whiff%
Rise	15.2	-0.78	26.6
Standard	73.2	0.12	20.7
Drop	11.6	0.97	14.9

表 3-4　Low 3/4

縦変化	割合 (%)	RV/100	Whiff%
Rise	7.4	-0.85	27.4
Standard	72.3	0.01	22.7
Drop	20.3	0.79	16.8

表 3-5　Sidearm

縦変化	割合 (%)	RV/100	Whiff%
Rise	2.3	-1.76	35.2
Standard	55.1	-0.80	28.4
Drop	42.6	0.33	20.3

　縦変化が Standard の RV/100 を見ると、Overhand は 0.48、High 3/4 は 0.12、Low 3/4 は 0.01、Sidearm は -0.80 と、腕が下がるほど同じ縦変化でも投手優位な結果になりやすい。ただし、それぞれの Arm Slot に占める Drop の割合を見ると、Overhand で 6.7%、High 3/4 で 11.6%、Low 3/4 で 20.3%、Sidearm で 42.6% と、腕の位置が下がるほど Standard 以上の縦変化量でボールを投げられないことがわかる。縦変化量の多いボールを投げにくい傾向にあることを考えると、安易に腕を下げても速球の価値を投手優位にできるわけではないようだ。

表3-6　アームスロット別回転軸

Arm Slot	定義 (deg)	回転軸 (角度)	回転軸 (時計)	縦変化 (cm)	横変化 (cm)
Overhand	40 以下	204	12:48	44.5	-14.5
High 3/4	40-55	210	1:00	42.1	-17.9
Low 3/4	55-70	218	1:16	38.4	-21.3
Sidearm	70-90	227	1:34	34.0	-23.5

　表3-6は回転軸をホークアイで直接測定できるようになった2020年以降を対象に、Arm Slotごとに回転軸や変化量を算出したものだ。腕の位置が下がるほど回転軸が横向きになる傾向がある。(Overhandで12:48、Sidearmで1:34)それに伴いボール変化量は、縦変化量が減りアームサイドへの変化が増える。(Overhand → Sidearmで縦変化は44.5cm → 34.0cm、横変化は-14.5cm → -23.5cm)腕の位置が低いと伸びる速球が投げにくいのは回転軸の影響が大きいようだ。

表4-1　エクステンション別成績

エクステンション (cm)	RV/100	Whiff%	GB%	PU%	打球速度 (km/h)	xwOBAcon
165-175	0.49	21.2	33.5	10.8	133.8	.379
175-185	0.35	20.5	30.6	9.9	134.7	.397
185-195	0.24	20.4	32.5	9.4	134.8	.397
195-205	0.48	19.1	32.0	9.6	135.4	.400
205-215	0.34	18.6	35.6	8.3	135.8	.392

　最後にエクステンションについて検証する。エクステンションとはピッチャーズプレートからどれだけ遠い位置で投球を離してリリースしたかを測る指標だ。値が高いほど打者寄りでボールを放していると言え、いわゆる「球持ちの長い投手」と言える。サンプル数確保のため、ここではボール変化量について横変化を考慮せず、平均的な縦変化量のみで固定した。

エクステンションはこれまでの要素と比べると RV/100 での影響ははっきりとしていない。（最も短い順から 0.49 → 0.35 → 0.24 → 0.48 → 0.34）わずかだがエクステンションが長いほど Whiff%（空振り率）が低下する傾向にある。（21.2% → 20.5% → 20.4% → 19.1% → 18.6%）エクステンションが長いと、打者がリリースされてからボールを見る時間が減るため、投球が同じ速度でも打者がより速さを感じると思われ指標が良化すると筆者は考えていた。だが、結果として大きな差はついていない。

まとめ

球速は速いほど空振りやゴロが増え失点しにくくなる。

縦の変化量はライズするほど空振りが増え失点しにくくなる。ライズするほどゴロは減るが、ポップフライも増えるため打球の価値は横這い。

横の変化量はアームサイドへの変化が小さいと、打球の失点リスクが低下しやすく失点しにくい。

フライの多くない打者に対してもライズするストレートの方が失点を防ぎやすい。

ライズするストレートはフライの多い打者に対して、フライの多くない打者よりも効果的。要因はライナーが減りやすくなるからと思われる。

アームアングルは他の条件が同じなら高いほど（腕を下げて下げるほど）空振りを奪えて失点を防ぎやすい。ただし、腕を下げて投げている投手は腕を上げて投げている投手より平均以上の縦変化量になりにくい。

エクステンションは失点抑止の上ではっきりとした傾向が見えない。わずかだが長いほど空振り率が低下する。

高速のストレート、ライズするストレート、シュートしないストレートが投手優位な結果になりやすい、というのはこれまで野球界で語られてきたものでもあり目新しい結果ではない。ただ、経験則としてただ語るだけでなく、実際に数字にして確認できることに意味があると思われる。

一方で、条件を揃えた場合は Overhand より Sidearm の方が投手優位になりやすいという結果は「角度のついたストレート」を良いとするこれまでの常識と反するものになった。

測定できるデータが増えることで、これまで言われてきた説を検証することができるようになるのもトラッキングデータの醍醐味とも言える。MLB では2020 年からホークアイを導入し、ボールの変化量から推測するかたちでなく直接ボールの実際の回転軸を測れるようになるなどまだまだ進化は続いている。技術の進歩により野球についての解明がこれまでより進むことを期待したい。

1）　**Calculating Arm Angles Using Statcast Data**

https://www.rundownbaseball.com/project/calculating-arm-angles-using-statcast-data/

※ web archive

https://web.archive.org/web/20220830150642/https://www.rundownbaseball.com/project/calculating-arm-angles-using-statcast-data/

※計算式

Adj = avg_release_pos_z - Height * 0.7

Opp = | avg_release_pos_z |

Hyp = SQRT(Opp^2+Adj^2)

Angle θ = arccos((adj^2+hyp^2-Opp^2)/2(adj*hyp))

2）　**Baseball Savant**

https://baseballsavant.mlb.com/

ピッチトンネルを
打者視点で評価する

宮下 博志
（みやした・ひろし）

1. 背景

　近年、トラッキングシステムの進歩に伴い、野球の物理的な分析が進んでいる。特にボールの変化量や軌道など、投球のトラッキングデータ分析はセイバーメトリクスでもホットな分野である。MLB で流行している高めの速球や横変化の大きいスライダー（スイーパー)は、トラッキングデータ分析が根拠となった代表的なムーブメントと言えるだろう。

　トラッキングデータを使用する分析の中に、ピッチトンネルと呼ばれる考え方が存在する。直前に投げたボールと似た軌道のボールを投げることで、打者に球種や投球コースの判断材料を与えず打者を欺こうとする考え方である。さて、このピッチトンネルが語られる際に、オーバーレイ動画と呼ばれる投球映像を重ねた動画が引用される場合がある。ボールが重なる様子が判りやすく、エンタメとして楽しい動画と言えるだろう。しかし、この類の動画はセンター方向や投手の斜め後方から映す構図が多く、ピッチトンネルのベースとなる打者の視点を必ずしも判断できない欠点がある。そこで、今回は打者視点を導入したピッチトンネルの評価を行った。

　本稿で使用した Statcast のデータはすべて Baseball Savant から取得している [1]。

2．分析手法

筆者は 2020 年にピッチトンネルの分析を行っている[2]。そこでは以下の
ステップで分析を行い、投球ピッチトンネルの影響を定量化した。結論として、
投球コースを考慮して分析を行うとピッチトンネルの影響は小さいことが判明
している。

①Statcast のデータから投球軌道を計算する。

↓

②打者が判断する時点で、直前の投球軌道との距離を計算する。

↓

③直前の投球軌道との距離別に、投球結果を比較する。

↓

④投球コースを固定した上で、③の評価を行う。

今回も前回と同様の手法でピッチトンネルの影響を評価する。ただし、①
で計算した投球軌道を打者視点に変換した上で、②以降のステップを行う。

①Statcast のデータから投球軌道を計算する。

↓

②投球軌道を打者視点に変換する。

↓

③打者が判断する時点で、直前の投球軌道との距離を計算する。

↓

④直前の投球軌道との距離別に、投球結果を比較する。

↓

⑤投球コースを固定した上で、④の評価を行う。

3．打者視点への変換

　2008 年に Mike Fast が発表した『View from the batter's box』において、投球軌道データをバッターボックス視点に変換する手法が公開されている[3]。ピッチトンネルの先行研究を行っている Baseball Prospectus は同サイトの手法を参考に打者視点の分析を行っている[4]。本稿も先行研究に倣い、同様の手法で投球軌道を打者視点に変換した。

　以下のグラフはそれぞれ大谷翔平の投球軌道を通常の視点（捕手視点）で見たグラフと、打者視点に変換したグラフである。比較のため、描画する軌道は左右を分けずに集計した平均的な軌道としており、球種は投球割合の高い FF、SL、FS に絞っている。

　物理的に同じボールであっても、打者視点では打席の左右で全く異なる軌道を描いている様子がわかる。右打者視点で大谷のスライダーはフォーシームの軌道に重なっているが、左打者視点のスライダーはフォーシームと比較して大きく膨らんでいるようだ。

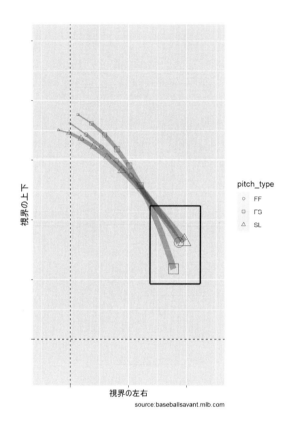

視界の上下

視界の左右

pitch_type
○ FF
□ ΓS
△ SL

source:baseballsavant.mlb.com

図1　大谷翔平（エンゼルス）

球種別 / 打者視点 / 投球軌道（対右打者）

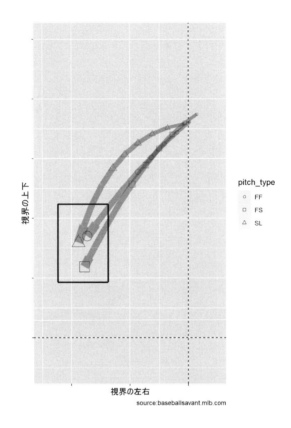

source:baseballsavant.mlb.com

図2　大谷翔平（エンゼルス）
球種別／打者視点／投球軌道（対左打者）

4．投球軌道の差を算出

　打者視点に変換した軌道について、直前の投球軌道との差を以下のステップで計算する。

①投球がホームベースへ到達する 0.15 秒前までの区間をディシジョンゾーン＝打者がスイングを判断する区間とする

↓

②ディシジョンゾーンの間で前後の軌道が最も乖離した瞬間を、打者がスイングを決定するコミットポイントとする

↓

③コミットポイントにおける両軌道の距離を打者視点の軌道差とする

　この考え方は Basball Prospectus が提唱するピッチトンネリングの軌道差計算を踏襲しているが、今回の計算では遠近法を考慮していない点に留意する。2022 年の大谷翔平を対象に実際に軌道差を計算しよう。球種、打者の左右別に直前の投球軌道との差を捕手視点、打者視点でそれぞれ計算した結果を表 1 に示す。

　特にコンビネーション回数が多かったフォーシーム・スライダーおよびフォーシーム・スプリットの結果を抽出した。打者視点に変換した軌道では、大谷のスライダーは右打者視点でフォーシームとの軌道差が非常に小さい。右投手の平均より軌道差が小さく、ピッチトンネリングの観点で好ましいとされる軌道でスライダーが投じられていた。

表 1 大谷翔平の球種別投球軌道差
（対右打者 /2022MLB）

直前の球種	球種	打席	投球数	捕手視点軌道差 [cm]	打者視点軌道差 [cm]	右投手平均打者視点軌道差 [cm]
FF	SL	右	118	27.2	18.1	21.1
FF	SL	左	82	32.9	28.4	25.8
FF	FS	右	22	31.3	24.3	23.7
FF	FS	左	62	29.4	26.5	26.2

5. 軌道差別の投球結果

　ここからは大谷翔平に限定せず、2022年MLBの全投球を対象に分析を行う。すべての投球に対して打者視点への変換および軌道差の計算を行い、軌道差ごとの投球結果を確認する。はじめに、最も組み合わせが多いフォーシーム・スライダーの組み合わせについて、軌道差別のスイング結果を表に示す。基本的にフォーシームと軌道差が小さいスライダーほどスイングされやすいやすく、高いSwStr%を記録している。この傾向は過去に示されたピッチトンネリングの先行研究と一致する。

表2　フォーシーム⇒スライダーの
投球軌道差別スイング結果（2022MLB）

打者視点の軌道差(cm)	Count	Swing%	Whiff%	SwStr%	RV/100
0.0-7.5	2365	68.5%	25.2%	17.3%	-1.1
7.5-15.0	5120	60.1%	29.5%	17.7%	-0.2
15.0-22.5	3847	55.6%	30.1%	16.7%	-0.1
22.5-30.0	2560	47.4%	33.6%	15.9%	0.0
30.0-37.5	1669	42.5%	37.9%	16.1%	-0.2

　ただし同じコースに投じた場合、投球軌道によって投球結果に大きな差は出ていない。投球コースとストライクゾーン中心の距離を固定すると、わずかに投球軌道の差が小さい方がスイングされやすい傾向が見えるが、空振りには殆ど影響が表れない。RunValueではゾーンの中心から25cm付近の投球が最も投手有利で、これはストライクゾーン枠付近の投球である。スライダーの有効性は直前の軌道よりも投球コースの影響が大きく、この傾向は過去のピッチトンネリング研究と一致している。

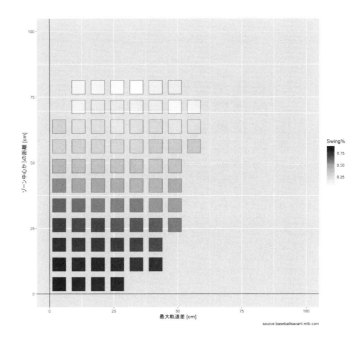

図3　軌道差 / ゾーン中心からの距離

Swing%（フォーシーム⇒スライダー /2022MLB）

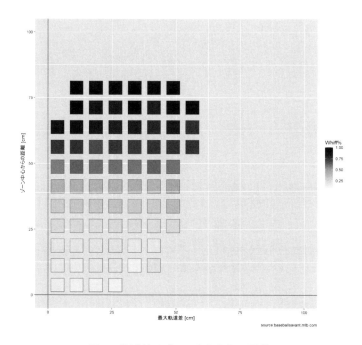

図 4　軌道差 / ゾーン中心からの距離

Whiff%（フォーシーム⇒スライダー /2022MLB）

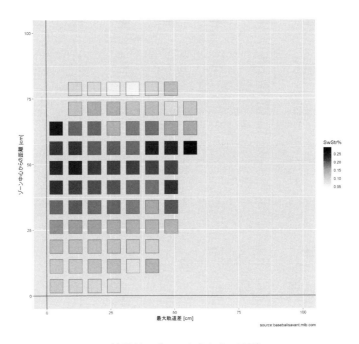

source: baseballsavant.mlb.com

図 5　軌道差 / ゾーン中心からの距離

SwStr%（フォーシーム⇒スライダー /2022MLB）

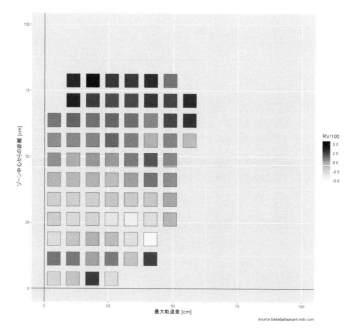

source baseballsavant.mlb.com

図6　軌道差 / ゾーン中心からの距離
RunValue/100（フォーシーム⇒スライダー /2022MLB）

6．高めの速球軌道

　ここまでの議論で、スライダーの投球結果において直前のフォーシームの軌道は影響が小さいことが示された。次に、実際に打者のスイングを誘発している軌道を確認する。投打の左右および球種別にコミットポイントの位置を算出し、最もスイング率の高いコミットポイントをスイングされやすいコースと判定する。打者視点の左右は投手のリリースポイントを0としており、右打者であればプラスが大きいほどバッターボックスに近く、左打者であればマイナスが大きいほどバッターボックスに近いことを表している。

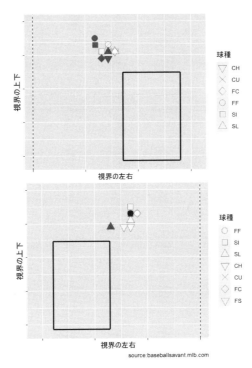

source:baseballsavant.mlb.com

図7　打者視点の球種別コミットポイント
（上：対右打者 / 下：対左打者 /2022MLB）

表4　打者視点の球種別コミットポイント

投球	打席	球種	Count	打者視点左右 [cm]	打者視点上下 [cm]	Swing%
R	R	FF	1218	57.6	132.4	86.2%
R	R	SI	820	52.5	127.5	84.0%
R	R	FC	331	62.5	127.4	84.0%
R	R	SL	1101	62.6	127.4	80.1%
R	R	CU	263	57.6	132.5	79.8%
R	R	CH	186	62.5	127.4	93.0%
R	L	FF	689	47.5	137.4	86.5%
R	L	SI	297	47.6	132.3	81.8%
R	L	FC	106	52.4	122.4	92.5%
R	L	SL	294	57.5	127.4	85.0%
R	L	CU	185	57.5	127.5	73.5%
R	L	CH	335	57.5	122.2	90.7%
L	R	FF	1242	-47.5	132.5	88.3%
L	R	SI	300	-52.7	137.5	80.7%
L	R	FC	260	-47.6	132.4	88.8%
L	R	SL	314	-52.6	127.3	85.0%
L	R	CU	337	-67.5	122.4	72.1%
L	R	CH	428	-52.6	122.3	87.9%
L	R	FS	102	-57.6	122.4	89.2%
L	L	FF	157	-52.6	132.4	88.5%
L	L	SI	141	-52.6	132.2	85.8%
L	L	SL	197	-67.6	122.6	83.2%

　図表より、打者視点では球種にかかわらずコミットポイントが密集しており、球種の差が小さいことがわかる。この結果から、打者がスイングしやすい絶対的な軌道の存在が示唆される。最も投球割合の高い速球に焦点を当てると、コミットポイントを通過した投球は高めのストライクゾーンに到着してい

る。言い換えれば、高めの速球に近い軌道は変化球であってもスイングされ
やすい傾向を示している。

表4 コミットポイントを通過した速球の投球コース

投球	打席	球種	Count	投球コース左右 [cm]	投球コース上下 [cm]	Swing%
R	R	FF	1218	-5.8	90.2	86.2%
R	R	SI	820	-21.1	75.5	84.0%
R	L	FF	689	-3.1	97.4	86.5%
R	L	SI	297	3.3	83.6	81.8%
L	R	FF	1242	2.9	90.1	88.3%
L	R	SI	300	-11.5	91.0	80.7%
L	L	FF	157	14.2	89.9	88.5%
L	L	SI	141	22.5	82.3	85.8%

　結論として、直前の投球軌道を考慮するピッチトンネリングの考え方は、
打者視点であってもスイング結果に大きな影響を及ぼさないことが示された。
スイングに影響するのは相対的な軌道ではなく、絶対的にスイングされやす
い軌道の存在が示唆され、その軌道は高めの速球軌道に近い。

　また、投球・打席の左右によって軌道の見え方が異なるため、打者視点
の導入は打者のスイングを検討する上で重要な要素となり得ると考えられる。
特に大谷翔平の例を含めて、MLB全体で右投手が右打者へ投じるスライダー
は速球に近い軌道に見えやすい。この結果から、長年感覚的にとらえられて
いた外スラ攻略の難しさは、高めの速球軌道と打者視点の導入によって一部
だが数値で説明できるようになった。近年MLBでは高めの速球とスライダー
が流行しているが、この組み合わせは非常に理にかなった流行と言えるだろう。

1）今回使用したデータはすべて MLB Advanced Media が運営する Baseball Savant から取得している。

https://baseballsavant.mlb.com （最終閲覧日 2023 年 3 月 12 日）

2）宮下博志 , ピッチトンネルにどれほどの効果があるのか定量的に評価する Part3

〜打者はどの軌道の速球を狙っている？①〜 （2020）

https://1point02.jp/op/gnav/column/bs/column.aspx?cid=53649

（最終閲覧日 2023 年 3 月 12 日）

3）Mike Fast, View from the batter's box （2008）

https://fastballs.wordpress.

com/2008/06/15/view-from-the-batters-box/

（最終閲覧日 2023 年 3 月 12 日）

4）Jeff Long, Harry Pavlidis, and Martin Alonso, Prospectus Feature: Updating Pitch

Tunnels （2018）

https://www.baseballprospectus.com/news/article/37436/prospectus-feature-

updating-pitch-tunnels

（最終閲覧日 2023 年 3 月 12 日）

著者プロフィール

岡田 友輔 (おかだ・ゆうすけ)

統計的な見地から野球の構造・戦略を探るセイバーメトリクスを専門に分析活動に取り組む。2011年にスポーツデータの分析を手がける DELTA（デルタ）を設立。2016年に集計・算出したデータを公開する「1.02-DELTA Inc.」を開設。

道作 (どうさく)

1980年代後半より分析活動に取り組む日本でのセイバーメトリクス分析の草分け的存在。2005年にウェブサイト『日本プロ野球記録統計解析試案「Total Baseball のすすめ」』を立ち上げ、自身の分析結果を発表。セイバーメトリクスに関する様々な話題を提供している。
http://www16.plala.or.jp/dousaku/

蛭川 皓平 (ひるかわ・こうへい)

セイバーメトリクスの体系的な解説を行うウェブサイト『Baseball Concrete』を開設。米国での議論の動向なども追いかけている。2019年11月に『セイバーメトリクス入門 脱常識で野球を科学する』（水曜社刊）を上梓。
http://baseballconcrete.web.fc2.com/
@bbconcrete

佐藤 文彦 (さとう・ふみひこ)

株式会社 DELTA が配信しているメールマガジンや「1.02-DELTA Inc.」にてレギュラーで分析記事を提供。バレーボールの分析にも取り組む。2017年3月に『[プロ野球でわかる!]はじめての統計学 』（技術評論社刊）を上梓。
@Student_murmur

市川 博久 (いちかわ・ひろひさ)

弁護士。学生時代、知人が書いていた野球の戦術に関する学術論文の話を聞き、分析に興味を持つ。その後、ノンフィクション小説『マネー・ボール』や DELTA アナリストらが執筆したリポートを参考に考察を開始。球界の法制度に関する研究や情報発信も行う。
http://blog.livedoor.jp/hakkyuyodan/
@89yodan

神原 謙悟 (かんばら・けんご)

1982年、東京都出身。東京都立青山高校卒。卒業後5年間母校にて野球部監督を務め、アマ球界にて分析経験を積む。楽天野球団チーム戦略室に2014年入社。球界初の Track Man 導入時の分析業務を端にアナリティクストランスレーター・コンディショニング部門の管理等に従事。2020年より台湾の Rakuten Monkeys（CPBL）球団本部副本部長としてチームの運営・強化全般に携わる。

馬見塚 直孝 (まみづか・なおたか)

医療法人野球医学ベースボール＆スポーツクリニック理事長。1993 年に琉球大卒。2007 年に筑波大大学院人間総合科学先端応用医学修了。筑波大学附属病院水戸地域医療センター講師を経て 2019 年より現職。筑波大硬式野球部チームドクター（〜 16 年）、筑波大学附属駒場高校硬式野球部（18 年〜）、東京工業大学硬式野球部（23 年〜）にてコーチを務めるほか多方面で活躍。『野球医学』の教科書』『高校球児なら知っておきたい野球医学』（いずれもベースボールマガジン社刊）など著書多数。

豊田 太郎 (とよた・たろう)

医療法人野球医学ベースボール＆スポーツクリニック育成コーチ。筑波大学大学院修了後、法政大学男子バレーボール部と JAPAN サッカーカレッジ(アルビレックス新潟育成組織)でフィジカルトレーニングを担当。その後、株式会社クレーマージャパンと日本 SAQ 協会で SAQ トレーニングのプログラム開発、(独)日本スポーツ振興センターで地域タレント発掘・育成事業やジュニアアスリートのタレント発掘・育成プログラムの開発などに参画。現在はクリニックでパフォーマンス診断やフィジカルトレーニングを担当しながら、院外ではスキー日本代表チーム(フリースタイルスキー・エアリアル)や高校・大学の野球チームのサポートも行う。

中原 啓 (なかはら・ひろし)

学生時代は AI を使ったスポーツの戦術・プレー評価をテーマに研究。シミュレーションを用いた戦術の定量的評価に興味を持っている。
@bb_analy

並木 晃史 (なみき・あきふみ)

学生時代に読んだ DELTA アナリストの蛭川氏の web サイトをきっかけに野球の分析に興味を持つ。現在は投球や打球といったトラッキングデータの分析に取り組む。
@Baseball_Namiki

宮下 博志 (みやした・ひろし)

学生時代に数理物理を専攻。野球の数理的分析に没頭する。近年は物理的なトラッキングデータの分析に取り組む。
@saber_metmh

二階堂 智志 (にかいどう・さとし)

自身の Web サイトで、野球シミュレーションゲームやセイバーメトリクスの分析結果を発表。成績予測システム開発のほか、打順シミュレーター作成などの実績がある。
http://pennantspirits.blogspot.com/
@PennantSpirits

プロ野球を統計学と客観分析で考える
デルタ・ベースボール・リポート 6

発行日　2023 年 6 月 2 日　初版　第 1 刷

著者　　岡田 友輔・道作・蛭川 皓平・
　　　　佐藤 文彦・市川 博久・神原謙悟
　　　　馬見塚 尚孝・豊田 太郎・中原 啓・
　　　　並木 晃史・宮下 博志・二階堂 智志

発行人　仙道 弘生
発行所　株式会社 水曜社
　　　　160-0022　東京都新宿区新宿 1-31-7
　　　　TEL 03-3351-8768　FAX 03-5362-7279
　　　　URL suiyosha.hondana.jp/

装丁　　若月 智之〔wakatsuki.biz〕

印刷　　モリモト印刷株式会社

──── セイバーメトリクスの本 ────

セイバーメトリクス入門
脱常識で野球を科学する

蛭川皓平 著　　岡田友輔(株式会社DELTA)監修
ISBN:9784880654775　A5変判並製　1,980円

アメリカ発祥の、野球についての客観的な知見の探求
セイバーメトリクス(SABERMETRICS)
その要点を的確にとらえた、これまでになかった"最初の一冊"

───────────────────────────

プロ野球を統計学と客観分析で考える
デルタ・ベースボール・リポート
セイバーメトリクス第一人者たちが様々な角度から分析するリポート集
〈最新第6巻発売中　以後続刊〉

デルタ・ベースボール・リポート 1　ISBN:9784880654317　2,200円
デルタ・ベースボール・リポート 2　ISBN:9784880654560　2,200円
デルタ・ベースボール・リポート 3　ISBN:9784880654768　2,200円
デルタ・ベースボール・リポート 4　ISBN:9784880655031　2,200円
デルタ・ベースボール・リポート 5　ISBN:9784880655260　2,420円
デルタ・ベースボール・リポート 6　ISBN:9784880655499　2,420円

───────────────────────────

プロ野球を統計学と客観分析で考える
セイバーメトリクス・リポート
〈全5巻〉　1巻〜4巻 B5判並製
5巻 A5判並製

セイバーメトリクス・リポート 1　ISBN:9784880652863　2,420円
セイバーメトリクス・リポート 2　ISBN:9784880653198　2,640円
セイバーメトリクス・リポート 3　ISBN:9784880653402　2,200円
セイバーメトリクス・リポート 4　ISBN:9784880653570　2,200円
セイバーメトリクス・リポート 5　ISBN:9784880653846　2,200円

───────────────────────────

全国の書店でお買い求めください。価格はすべて税込(10%)